T0107758

QUESTIONS SUR LA FOI

DANS LA MÊME COLLECTION

Translatio
Philosophies Médiévales

Directeurs : Jean-Baptiste BRENET et Christophe GRELLARD

PIERRE DE JEAN OLIVI

QUESTIONS SUR LA FOI

Texte latin traduit, introduit et annoté
par
Nicolas FAUCHER

PARIS
LIBRAIRIE PHILOSOPHIQUE J. VRIN
6 place de la Sorbonne, V e

2021

Pierre de Jean Olivi, *Quaestiones de incarnatione et redemptione, quaestiones de virtutibus*, A. Emmen, E. Stadter (eds.), Ad Claras Aquas, ex typ. Collegii S. Bonaventurae, 1981

Pierre de Jean Olivi, *Quaestiones in secundum librum sententiarum*, B. Jansen (ed.), Ad Claras Aquas, ex typ. Collegii S. Bonaventurae, vol. 3, 1926

Ce travail a bénéficié du soutien
de la Fondation des Treilles.

La Fondation des Treilles, créée par Anne Gruner Schlumberger, a notamment pour vocation d'ouvrir et de nourrir le dialogue entre les sciences et les arts afin de faire progresser la création et la recherche contemporaines. Elle accueille également des chercheurs et des écrivains dans le domaine des Treilles (Var).

www.les-treilles.com

© *Librairie Philosophique J. VRIN*, 2021
Imprimé en France
ISSN 2430-7718
ISBN 978-2-7116-2963-3
www.vrin.fr

PRINCIPES D'ORGANISATION
ET ENJEUX HISTORIQUES ET PHILOSOPHIQUES
DES *QUESTIONS SUR LA FOI*
DE PIERRE DE JEAN OLIVI

INTRODUCTION

Pierre de Jean Olivi (1248-1298) occupe une place singulière parmi les philosophes et théologiens du Moyen Âge. Comme le montrent plusieurs études contemporaines qui s'inscrivent dans le champ déjà important des études oliviennes [1], ce franciscain de la fin du XIII e siècle se caractérise par une grande originalité philosophique et théologique. Étudiant à Paris de 1267 à environ 1272, il ne fut jamais nommé maître en théologie et passa par la suite la plus grande partie de sa vie à enseigner dans différents *studia* franciscains du sud de la France.

---

1. Sur la pensée et la figure d'Olivi, on pourra se reporter à E. Bettoni, *Le dottrine filosofiche di Pier di Giovanni Olivi*, Milan, Vita e pensiero, 1959; D. Burr, *L'Histoire de Pierre Olivi*, Paris, Cerf, 1997; D. Burr, « Petrus Ioannis Olivi and the Philosophers », *Franciscan Studies* 31 (1971), p. 41-71; S. Piron, « Les œuvres perdues d'Olivi : essai de reconstruction », *Archivum Franciscanum Historicum* 31 (1998), p. 357-394; S. Piron, *Parcours d'un intellectuel franciscain. D'une théologie vers une pensée sociale : l'œuvre de Pierre de Jean Olivi (ca. 1248-1298) et son traité "De contractibus"*, Paris, École des Hautes Études en Sciences Sociales, thèse de doctorat, 1999; S. Piron, « Censures et condamnation de Pierre de Jean Olivi : enquête dans les marges du Vatican », *Mélanges de l'École française de Rome-Moyen Âge*, 118 (2) (2006), p. 313-373; F.-X. Putallaz, « Entre grâce et liberté : Pierre de Jean Olivi », *in* J. A. Aertsen, A. Speer (hrsg.), *Geistesleben im 13. Jahrhundert*, Berlin, De Gruyter, 2000, p. 104-115.

Son originalité, son appartenance au mouvement franciscain des Spirituels et la grande vénération dont il fut l'objet dans le milieu où il vécut lui valurent une réputation difficile et des rapports tendus avec l'autorité religieuse. Plusieurs de ses thèses furent condamnées et ses écrits prohibés après sa mort, de sorte que son influence sur les théologiens de son temps et postérieurs fut limitée.

Il n'en reste pas moins que la conception olivienne de la liberté, de la connaissance, de l'intentionnalité ou encore sa pensée économique et ses idées politiques sont autant de domaines où s'illustrent sa finesse philosophique, son exigence théologique et l'abondance de son style. Sa conception de la foi catholique et, d'une manière générale, des croyances humaines, qui se déploie dans les questions traduites ici, ne fait pas exception à la règle et confirme son statut de penseur médiéval de premier plan, en dialogue avec les plus grands théologiens de son temps[1].

On connaît bien le caractère dissident d'Olivi[2]. C'est donc sans surprise que l'on verra le déploiement de sa doctrine de la foi comme une occasion d'exprimer une certaine méfiance à l'égard des communautés humaines. Si Olivi ne remet jamais directement en question le magistère de l'Église comme institution humaine, il se livre néanmoins à ce qui est peut-être la tentative médiévale

1. Parmi les études qui concernent spécifiquement notre objet, on peut citer R. Aubert, « Le caractère raisonnable de l'acte de foi d'après les théologiens de la fin du XIIIᵉ siècle », *Revue d'histoire ecclésiastique* 39 (1943), p. 22-99 ; R. Aubert, « Le problème de la foi dans l'œuvre de Pierre Olivi », in *Miscellanea historica in honorem Alberti de Meyer*, Louvain, Bibliothèque de l'Université ; Bruxelles, Le Pennon, 1946, p. 626-637 ; E. Stadter, « Das Glaubensproblem in seiner Bedeutung für die Ethik bei Petrus Johannis Olivi », *Franziskanische Studien* 42 (1960), p. 225-296.

2. *Cf.* A. Boureau, S. Piron (éd.), *Pierre de Jean Olivi (1248-1298). Pensée scolastique, dissidence spirituelle et société*, Paris, Vrin, 1999.

la plus explicite et la plus développée de fonder la foi catholique sur ce que l'on pourrait nommer l'intuition morale du croyant (qui prend ici la forme d'une évidence morale instinctive) et non sur les groupes humains, vus comme courroies de transmission de croyances collectives irrationnelles et potentiellement déraisonnables et immorales.

Ce n'est pas pour autant qu'Olivi oppose ces croyances collectives à d'autres attitudes purement rationnelles, appuyées sur des preuves de la vérité de la foi catholique dont il se fait le défenseur. En effet, il existe une grande diversité d'objets de foi, que nous connaissons de manières très diverses. Certains de ces objets peuvent être démontrés rationnellement : de nombreux auteurs pensent par exemple que l'existence de Dieu peut se démontrer comme on démontrerait une vérité mathématique. D'autres objets peuvent se démontrer de manière probable : tel événement historique rapporté dans la Bible, par exemple, peut être considéré comme probablement authentique selon les données dont nous disposons. D'autres objets de foi encore ont plus d'arguments contre eux qu'en leur faveur ; ou bien ne peuvent en aucune manière être démontrés ; ou bien encore paraissent ne pouvoir être vrais, comme « Dieu est à la fois trois et un ». Ainsi, il est clair que le fait pour un objet de foi d'en être un ne correspond à aucun statut épistémique particulier de cet objet, ni donc à une éventuelle capacité à démontrer rationnellement sa vérité.

Olivi n'en considère pas moins qu'une évidence morale accessible à toutes les âmes normalement constituées peut fonder le caractère non pas rationnel mais du moins entièrement raisonnable de la foi catholique, indépendamment de la validation de toute autorité instituée.

Comme nous l'esquissons déjà ici, c'est à un jeu conceptuel complexe ayant pour enjeu la notion de raison qu'Olivi nous invite ici. Nous aborderons ce point dans la première partie de cette introduction, à l'occasion d'une description de l'organisation du texte présenté ici et de sa place au sein de l'œuvre d'Olivi, qui nous mènera à une considération du caractère anthropologiquement fondamental de la croyance chez notre auteur. Nous nous pencherons ensuite sur la manière dont Olivi mène sa démonstration, de la définition de ce qu'est la foi à sa justification morale et épistémique ultime. Nous étudierons à cette occasion la façon dont les croyances s'articulent et s'enchaînent les unes aux autres, présentée dans le cadre d'une pensée du progrès du croyant dans sa foi. Enfin, nous proposerons une comparaison avec quelques grandes doctrines médiévales parallèles pour faire ressortir l'originalité du propos du franciscain.

PRÉSENTATION DES TEXTES

Nous nous intéressons ici à deux questions sur la foi : la question VIII : « Est-il possible, est-ce un devoir, est-il vertueux de croire sans raison ? » et la question IX[1] : « La foi s'appuie-t-elle au premier chef et principalement sur un certain objet, et, par son entremise, sur les autres, ou bien sur tous à égalité et uniformément ? » La première question traite avant tout de la justification de nos croyances et de leur moralité. Olivi cherche à comprendre quelle sorte d'activité de notre raison est requise pour faire la distinction entre bonnes et mauvaises croyances. La

---

1. Ainsi nommées parce qu'elles suivent les sept précédentes questions portant sur les vertus en général, éditées dans le même volume.

deuxième question porte sur la relation que les objets de foi entretiennent entre eux. L'enjeu est de comprendre si le témoignage divin (nous y reviendrons) fait en faveur de tous les objets de foi et qui est au principe de la croyance que l'on peut avoir en eux est lui-même un objet de foi, et, si c'est le cas, comment la croyance dans ce témoignage se justifie.

Ces questions VIII et IX sur la foi prennent place au sein de ce qui nous reste du troisième livre du commentaire des *Sentences* d'Olivi. Le commentaire des *Sentences* est un exercice auquel se livrait tout théologien catholique universitaire à partir du XIIIe siècle. Il consiste, comme son nom l'indique, à commenter les *Sentences* de Pierre Lombard, un manuel de théologie écrit au XIIe siècle et posant un certain nombre de questions systématiquement ordonnées au sujet du texte biblique ou de certaines positions dogmatiques de l'Église. Le commentaire des *Sentences* est un lieu textuel singulier où, autour de chaque question posée par Pierre Lombard et identifiée par sa numérotation, les auteurs médiévaux posent de nouvelles questions, inventent de nouvelles réponses et dialoguent d'œuvre à œuvre sur les points les plus fondamentaux de la théologie catholique. Les questions sur la foi sont généralement les questions 23 à 25 du livre III du commentaire des *Sentences*. Il est vraisemblable que les questions d'Olivi s'inscrivent dans la droite ligne de cette tradition. Lorsque nous comparerons les positions d'Olivi à celles d'autres auteurs, c'est donc majoritairement en référence à ces questions 23-25 que nous le ferons.

Au premier abord, les questions sur la foi d'Olivi se distinguent par leur organisation formelle. Une *quaestio* médiévale appelle toujours une réponse positive ou négative et se divise généralement en quatre parties : les arguments

favorables à la réponse positive (ou à la réponse négative) ;
ceux qui sont favorables à la réponse négative (ou à la
réponse positive) ; la position de l'auteur, qui choisit l'une
des deux réponses possibles et récupère à son compte ou
discute un ou plusieurs des arguments favorables à cette
réponse, que l'on appellera arguments *pro* ; enfin, une
réponse aux arguments favorables à la position opposée à
celle de l'auteur, que l'on appellera *contra*, réfutés l'un
après l'autre.

Olivi ne respecte pas cette organisation traditionnelle,
à plusieurs titres. D'abord, il n'évoque en introduction des
deux questions posées que les arguments *contra*[1]. Il reprend
donc entièrement pour lui-même les arguments *pro*[2], qui
sont énoncés, les uns à la suite des autres, après l'exposé
de sa position[3] et avant les réponses finales aux arguments
contra[4].

Ensuite, au sein des réponses aux arguments *contra* se
glissent deux longs développements, l'un dans la
question VIII[5], l'autre dans la question IX[6]. Ces deux
développements sont assimilables à de courts traités, au
sein desquels sont systématiquement examinées des séries
d'arguments ayant trait à un argument *contra* spécifique.
Ces deux courts traités portent, pour le premier, sur la
possibilité pour la foi de s'appuyer sur la seule raison
humaine, pour le second, sur le rôle de l'illumination divine
dans la production de la foi. Nous en retiendrons certains
éléments essentiels pour comprendre la pensée du franciscain.

1. p. 42-57 ; p. 130-135.
2. p. 66-83 ; p. 138-143.
3. p. 58-67 ; p. 134-139.
4. p. 82-129 ; p. 142-173.
5. p. 104-117.
6. p. 142-161.

Enfin, parmi les deux questions posées par Olivi, la question VIII apparaît de façon claire comme tripartite : de fait, elle comporte trois séries d'arguments *contra*[1], trois séries d'arguments *pro*[2], et trois séries de réponses aux arguments *contra*[3]. Pour autant, Olivi fait figurer au cœur du texte sa position propre[4], qui concerne l'ensemble des trois parties de la question VIII et constitue la matrice de la réflexion de notre auteur. On peut considérer que cette matrice comporte deux piliers essentiels : la distinction des différents sens du terme « *ratio* »[5] autour d'une réflexion sur la signification du syntagme « croire sans raison » et le traitement du cas de la foi comme cas particulier d'un type de croyance qui irrigue notre quotidien.

Considérons le premier pilier. « Croire sans raison » peut s'entendre en au moins autant de sens qu'il y en a du terme « raison ». Dans la question VIII, Olivi en distingue précisément trois[6] : premièrement, la raison au sens de l'aspect sous lequel nous considérons un objet donné. On dira par exemple qu'un acte moral nous apparaît sous la raison du bien si nous le considérons comme moralement bon ; on pourra dire également qu'une proposition nous apparaît sous la raison du probable si nous estimons qu'elle est probablement vraie, ou qu'un liquide nous apparaît

1. p. 42-57.
2. p. 66-83.
3. p. 82-129.
4. p. 58-67.
5. Nous faisons figurer en annexe, p. 174-175, un passage, qui ne fait pas partie des questions sur la foi, où Olivi détaille les nombreux sens que ce terme revêt pour lui. C'est à la lumière de ce passage que nous invitons le lecteur à chercher à comprendre le texte olivien. Nous avons choisi de traduire systématiquement *ratio* par raison pour préserver la polysémie qui constitue l'une des clefs de voûte du texte présenté ici.
6. p. 58-59.

sous la raison de l'amer si nous estimons qu'il a un goût amer. Dans ce sens, Olivi répond par la négative à la première question sur la possibilité de croire. On ne peut pas croire à la vérité d'une proposition donnée si elle ne nous apparaît pas d'une manière ou d'une autre comme pouvant ou devant être crue. Il est clair que nous ne pouvons croire une proposition qui ne paraît pas susceptible d'être crue, comme une proposition contradictoire (« ce chien est uniformément blanc et noir »). Par ailleurs, comme nous le verrons, pour croire une proposition en faveur de laquelle nous n'avons pas d'argument rationnel qui nous la ferait paraître vraie, il faut que nous soyons motivés à la croire, c'est-à-dire qu'il faut qu'elle nous apparaisse d'une façon ou d'une autre comme devant être crue.

Dans un deuxième sens, « raison » peut s'entendre au sens d'une règle qui nous dirige vers ce qui est raisonnable, ce qui convient. Il peut être raisonnable, par exemple, de croire que se nourrir exclusivement de confiseries entraînera des effets indésirables. Par ailleurs, bien que notre raison nous convainque aisément qu'il n'est pas bon pour nous ni rationnellement fondé de croire le contraire, il demeure néanmoins possible de le croire. De fait, nous pouvons avoir des motifs pour une telle croyance, qui la rendent possible : la recherche du plaisir de consommer des confiseries sans se limiter ou encore la parole rassurante et fallacieuse de quelqu'un qui voudrait nous entraîner dans cette voie. Si l'on peut nommer raison un tel motif au sens où il peut diriger notre croyance, cette raison ne pourra être considérée, pour Olivi, que comme viciée, malsaine. Aucune croyance sans raison, c'est-à-dire sans raison non viciée ni malsaine, ne saurait être ni un devoir ni vertueuse. Nous verrons dans la suite que ce qui caractérise une raison saine, en ce qui concerne la foi, est

la mise en œuvre d'un instinct naturel qui nous guide dans notre croyance.

Enfin, dans un troisième sens, « raison » peut signifier soit un raisonnement fondé sur l'objet de croyance considéré, soit la connaissance directe de cet objet. En ce sens, j'ai une raison de croire si je peux former un raisonnement nécessaire ou probable ayant pour conclusion l'objet en question ou si je connais l'objet considéré par une perception visuelle ou une appréhension intellectuelle directe. Par exemple, j'ai une raison de croire que Médor aime les os car je peux me tenir le raisonnement suivant : « Médor est un chien ; tout chien aime les os ; donc Médor aime les os », que je considère la deuxième prémisse comme nécessaire (il ne peut en aller autrement) ou probable (il en va ainsi dans la plupart des cas ou selon les opinions les plus autorisées). De même j'ai une raison de croire que Médor est blanc si je vois qu'il est blanc ; et j'ai une raison de croire à la vérité de la proposition « Le tout est plus grand que sa partie », parce que cela me paraît absolument évident si je connais la définition des termes de cette proposition. Olivi affirme avec force que, si je ne dispose pas d'un tel raisonnement ou d'une telle appréhension, alors, en ce sens, je peux croire sans raison, cette croyance peut être un devoir et elle peut être vertueuse.

Cette distinction générale des trois sens possibles de « croire sans raison », qui circonscrit le champ d'application de la notion de croyance, est complétée et illustrée par une série de cas mis en avant par Olivi[1]. Ces cas sont issus de l'expérience humaine commune. Pour le franciscain, la croyance sans raison, au troisième sens, fait en effet partie des éléments fondateurs de la vie intellectuelle, morale et

1. p. 60-65.

sociale de l'homme. Il prend pour exemple la piété filiale (un enfant qui ne ressemble pas à ses parents ne peut s'appuyer que sur un témoignage indirect et faillible pour croire qu'ils sont effectivement ses parents ; il a néanmoins le devoir moral de le croire, sans quoi il serait incapable de manifester à leur égard la piété nécessaire) ou encore les relations sociales, notamment contractuelles (rien ne nous prouve que ce que l'on nous dit, les promesses que l'on nous fait sont dignes de foi et pourtant nous y croyons, sans quoi toute vie sociale serait impossible). On voit que se déploie ici un argument d'indispensabilité qui fonde sur l'anthropologie sociale la nécessité de croire sans raison au troisième sens.

Par généralisation et amplification à partir de ces cas [1], Olivi montre de quelle manière il peut être justifié de croire sans raison aux objets de la foi catholique : si nous sommes fondés à croire sans raison, au troisième sens, dans le domaine des choses ordinaires, combien plus le sommes-nous à le faire dans le domaine des choses divines ! Nos devoirs envers Dieu sont en effet de bien plus grand poids que ceux que nous avons envers les hommes ou envers nous-mêmes. C'est le deuxième pilier de la démarche olivienne : tirer des cas ordinaires de croyance des conclusions ayant trait à la foi catholique.

Les deux piliers que nous avons distingués constituent l'originalité olivienne. A notre connaissance, nul auteur médiéval, avant ou après lui, ne thématise cette idée que la foi serait une croyance sans raison, une idée qui résonne d'une remarquable modernité à nos oreilles habituées à entendre parler de croyances irrationnelles. Les auteurs du XIIIe siècle parleraient plutôt de la difficulté de

---

1. p. 64-67.

croire[1], ou d'une croyance ayant pour objet quelque chose d'improbable[2], ou encore de l'incapacité de notre raison à atteindre ce qui lui ferait pleinement comprendre les vérités de foi[3]. Quant à l'idée de rapprocher foi catholique et croyances ordinaires, elle jure fortement avec toute la tradition qui précède Olivi et qui s'efforce de distinguer radicalement le cas de la foi catholique, qui relève d'un processus psychologique surnaturel, du cas d'autres types de croyance naturellement acquises. Cette naturalisation de la foi est un point que nous aborderons plus précisément

1. *Cf.* par ex. Bonaventure, *Opera theologica selecta*, L. Bello (ed.), Quaracchi-Florence, ex typ. Collegii S. Bonaventurae, t. III, 1941, lib. III, d. XXIII, a. II, q. I, p. 478 : « Alio modo dicitur virtus communiter habitus rectificans potentiam aliqua rectitudine iustitiae et vigorans eam circa opus difficile, quamvis non perducat eam in finem. Et hoc modo accipiendo virtutem, habitus politici informes dicuntur esse virtutes; hoc etiam modo fides informis, quae quidem est in malis Christianis, habet esse in genere virtutis. »

2. *Cf.* par ex. Alexandre de Halès (attribué), *Summa theologica*, B. Marriani (ed.), Quaracchi, ex typ. Collegii S. Bonaventurae, vol. 2, 1928, lib. III, pars 3, inq. 2, tract. 1, membr. 2, p. 1065 : « "Similis igitur virtus est amare improbum" caritate "et credere improbabile" fide; "nec minoris virtutis est credere improbabile quam improbum diligere." Si ergo ex caritate sive amore salutari contra merita improbus et inimicus diligitur, ergo ex fide salutari sine probatione et rationis suasione improbabili veritati credetur. » Alexandre cite ici Guillaume d'Auvergne, *cf.* Guillaume d'Auvergne, « *De fide* », in *Opera omnia*, B. Le Feron (ed.), Orléans, F. Hotot-Paris, J. Lacaille, vol. 1, 1674, fol. 2, col. b.

3. *Cf.* par ex. Thomas d'Aquin, *Super Sent.*, lib. 3, d. 23, q. 2, a. 2, qc. 1, co. : « Tertio modo consideratur intellectus in ordine ad voluntatem; quae quidem omnes vires animae ad actus suos movet : et haec quidem voluntas determinat intellectum ad aliquid quod neque per seipsum videtur, neque ad ea quae per se videntur, resolvi posse determinat, ex hoc quod dignum reputat illi esse adhaerendum propter aliquam rationem, qua bonum videtur ei illi rei adhaerere; quamvis illa ratio ad intellectum terminandum non sufficiat propter imbecillitatem intellectus, qui non videt per se hoc cui assentiendum ratio judicat; neque ipsum ad principia per se nota resolvere valet : et hoc assentire proprie vocatur credere. »

plus bas, lorsque nous traiterons de la justification de la foi selon Olivi.

Pour le moment, il convient de revenir sur quelques-uns des éléments déjà énoncés, dont l'examen nous permettra d'en venir à notre deuxième partie. Premièrement, si l'on examine précisément les exemples utilisés pour illustrer ce qu'est une croyance sans raison et pourtant vertueuse, on constate que beaucoup d'entre eux ont trait au fait de croire quelque chose en vertu d'un certain témoignage, d'une déclaration que l'on ne peut soi-même vérifier au contact des choses. On pourrait imaginer qu'il soit possible de croire en vertu d'un témoignage sans qu'interviennent de considérations morales ou pratiques : je crois à la parole de mon voisin parce que, jusqu'à présent, il ne m'a jamais menti, alors même qu'il en a eu de nombreuses occasions. Je suis donc fondé à considérer sa sincérité comme probable à partir d'un raisonnement spéculatif purement inductif, appuyé sur l'expérience que j'ai de ses affirmations passées et non sur un raisonnement pratique ou moral. Or, la seule fois où Olivi évoque la nature de la raison qu'il y a de croire à la vérité d'une histoire connue et transmise par de nombreux témoignages, il parle du caractère raisonnable d'une telle croyance. La notion de raisonnable fait pour lui référence à ce qui est moral ou éthique : est raisonnable ce qui est conforme à la droite raison qui nous guide vers ce qui est juste et convenable [1]. C'est donc à ce qu'il semble pour des raisons morales que l'on adhère au témoignage d'autrui et non pour des raisons spéculatives.

La situation est compliquée par un deuxième point : l'emploi récurrent de la locution « les relations de la chose à croire » ou « de la chose crue » [2]. Cette dernière apparaît

1. p. 174-175, c'est le sixième sens de *ratio*.
2. p. 58-61, p. 86-87, p. 120-121.

lorsqu'il est question de ce qui fonde notre croyance dans la vérité d'une certaine proposition. Il semble que, dans le vocabulaire olivien, une croyance soit fondée sur les « relations de la chose à croire » lorsqu'elle s'appuie sur la connaissance que nous avons de la chose même, sur ses caractéristiques propres en tant qu'elles sont reliées d'une façon ou d'une autre à notre croyance. Cela peut se produire lorsque nous avons une connaissance directe de la chose en question : dans ce cas, c'est notre perception sensorielle ou intellectuelle de la chose qui fonde notre croyance. On dira par exemple que notre croyance dans la noirceur de tel animal est fondée sur notre perception visuelle de cet animal. Cela peut aussi se produire lorsque nous avons une connaissance indirecte de la chose par le biais d'un raisonnement concluant à ce que l'on croit à partir de prémisses connues par ailleurs, comme dans le cas de syllogismes tels que celui-ci : « Toute panthère est noire ; or cet animal est une panthère ; donc cet animal est noir. »

Par contraste, lorsque nous croyons quelque chose en vertu du témoignage de quelqu'un, ni notre connaissance de la chose en question ni ses caractéristiques propres ne jouent aucun rôle dans la production de notre croyance : si nous croyons vraies les propositions p, q, r affirmées par Pierre, c'est parce que Pierre les affirme et non parce qu'il s'agit des propositions p, q, r. Si Pierre affirmait leur opposé, nous y croirions de même et nous pourrions même croire par anticipation tout ce que Pierre affirmera dans le futur et que nous ne connaissons pas encore.

Nous assistons donc ici à une double restriction : premièrement, la croyance sans raison et pourtant vertueuse ne se fonde pas sur des raisons spéculatives mais sur des raisons pratiques ou morales, alors même que des raisons spéculatives semblent pouvoir être données dans certains

cas, comme les raisonnements inductifs mentionnés plus haut au sujet du témoignage de personnes à la sincérité éprouvée. Mais, comme le démontre la diversité des exemples évoqués par Olivi (le cas des histoires très connues rapportées par de nombreuses sources fiables, le cas d'une entreprise commerciale dont on croit au succès bien que l'on puisse anticiper un succès ou un échec dans une mesure égale, le cas de l'étudiant qui ne sait rien de ce qu'on va lui enseigner mais doit commencer par croire son maître s'il veut apprendre), l'impératif pratique ou moral de croire s'impose dans des circonstances très diverses caractérisées par des degrés de connaissance également divers. Au fond, la force de l'impératif pratique comme motif de la croyance écrase les différents degrés de connaissance que nous pouvons avoir de ce que nous croyons : si nous savons que nous devons croire, peu importe ce que nous savons de ce que nous devons croire [1].

Deuxièmement, la croyance droite et vertueuse ne prendra pas appui sur son objet même mais sur ce en vertu de quoi cet objet nous est présenté comme ce que nous devons croire. Cela semble d'emblée poser un problème : s'il faut croire, par exemple, en vertu des témoignages transmis au sein de notre communauté d'appartenance, ne légitimera-t-on pas n'importe quel type de croyance à partir du moment où elle se répand ? Pour un théologien catholique comme Olivi, qui a conscience de l'existence de communautés hérétiques ou infidèles comme celles des juifs ou des musulmans, cela ne peut manquer de poser un problème. Où trouver la source ultime de légitimation morale de nos croyances droites et vertueuses, dont la foi catholique est

---

1. Exception faite des propositions connues par soi, qui seront évoquées dans quelques lignes.

un cas particulier ? La question est d'autant plus épineuse que, comme nous venons de l'indiquer, toute considération du contenu de nos croyances paraît exclue.

L'examen de la nature et de la justification de la foi nous éclairera sur ce point.

NATURE ET JUSTIFICATION DE LA FOI COMME CROYANCE VOLONTAIRE DROITE ET VERTUEUSE

La foi, pour Olivi, est un cas particulier de la croyance sans raison droite et vertueuse que nous venons de décrire. Elle est une croyance volontaire, c'est-à-dire qu'elle dépend non de la connaissance plus ou moins grande que l'on a de ce que l'on croit mais du motif que nous avons pour croire. Notre volonté, forte de ce motif, cause dans l'intellect la croyance en question. Il semble que, selon Olivi, l'acte de volonté qui cause cette croyance cause directement l'acte de croyance dans l'intellect. Olivi pense en effet cette causation volontaire de l'acte de croyance sur le modèle de la direction volontaire de notre attention : la volonté est capable d'« appliquer » l'intellect à ce qu'elle veut le voir penser et, plus cette application est forte, plus l'intellect se trouve uni à son objet et, par conséquent, plus il lui prête son assentiment[1].

1. *Cf.* D. Perler, *Théories de l'intentionnalité au Moyen Âge*, Paris, Vrin, 2003, p. 43-75. Perler cite notamment Pierre de Jean Olivi, *Quaestiones in secundum librum sententiarum*, B. Jansen (ed.), Ad Claras Aquas, ex typ. Collegii S. Bonaventurae, vol. 3, 1926, p. 35 : « [...] actus et aspectus cognitivus figitur in obiecto et intentionaliter habet ipsum intra se imbibitum ; propter quod actus cognitivus vocatur apprehensio et apprehensiva tentio obiecti. In qua quidem tentione et imbibitione actus intime conformatur et configuratur obiecto [...]. »

Un tel processus ne peut viser n'importe quel objet. Il est en effet des objets tels que l'intellect, aussitôt qu'il les appréhende, les considère comme vrais sans aucune hésitation ni doute [1]. C'est par exemple le cas de propositions connues par soi, c'est-à-dire de propositions qui ne sauraient nous paraître que vraies une fois que nous avons pris connaissance du sens des termes qui les composent; il en va ainsi, comme nous l'indiquions, de la proposition : « Le tout est plus grand que la partie ». Il en va également de même des propositions dont nous pouvons directement faire l'expérience, telle : « J'existe ». Mais, dans tous les autres cas, y compris lorsque le poids des arguments fait tendre l'intellect dans le sens opposé, la volonté est capable de faire assentir ce dernier dans un certain sens. L'illustration proposée par Olivi [2] semble indiquer qu'il trouve ici son inspiration dans la réception médiévale de la *Rhétorique* d'Aristote, et plus précisément dans l'idée, avancée dans cette œuvre, que nos émotions, pour employer un terme contemporain, perturbent l'usage de notre raison et peuvent nous faire aller dans un sens différent de celui vers lequel la raison seule aurait tendu [3].

La foi est donc un cas de croyance volontaire, volontaire précisément parce qu'elle peut se passer de raison au troisième sens : lorsqu'il n'existe aucune raison spéculative susceptible de causer une croyance à la vérité de certains objets de foi, c'est à la volonté seule qu'il reviendra de la causer. Quand bien même il serait possible de produire des arguments spéculatifs, des raisonnements prouvant la vérité de ce que l'on veut croire, ce ne serait pas de ces raisonne-

1. p. 68-69.
2. p. 66-67.
3. Sur ce point, *cf.* N. Faucher, « Faith and Rhetoric in Giles of Rome », *Vivarium* (2019), p. 1-21.

ments que la foi tirerait son existence mais de l'impulsion de la volonté. Cet élément est crucial car, pour Olivi, comme pour tout théologien catholique, la foi est une vertu[1]. Ses actes doivent être libres et volontaires parce qu'ils doivent être vertueux, donc méritoires. Or, si le rôle de la volonté se limitait à commander à notre intellect de raisonner ou d'enquêter sur les objets de foi, cette dernière ne serait à tout prendre pas plus vertueuse que la pratique de n'importe quelle science[2]. Il faut donc donner, comme le fait Olivi, une place centrale à la volonté dans le processus d'acquisition de la foi. On parlera, au sujet d'une telle conception, d'un volontarisme doxastique direct, un terme qui s'applique à des doctrines admettant la possibilité de croire une certaine proposition simplement parce que nous le voulons, d'une manière relativement indépendante des conditions épisté-miques d'appréhension de cette proposition[3]. Au-delà même de ces conditions, Olivi semble penser que quiconque veut croire quelque chose avec suffisamment de force en est capable, peu importe les dispositions morales et intellectuelles acquises durant sa vie[4].

Bien sûr, cela ne signifie pas que nous pouvons vertueusement croire n'importe quoi simplement selon notre bon vouloir. Il faut des critères permettant de distinguer ce qu'il faut croire et ne pas croire, et de quelle manière

1. *Cf.* M. Forlivesi, R. Quinto, S. Vecchio (eds.), *« Fides virtus ». The Virtue of Faith from the Twelfth to the Early Sixteenth Century*, Münster, Aschendorff, 2014.

2. p. 106-107.

3. *Cf* par ex. R. Audi, « Doxastic Voluntarism and the Ethics of Belief », *in* M. Steup (ed.), *Knowledge, Truth and Duty*, Oxford, Oxford University Press, 2001, p. 93-111. D. Frederick, « Doxastic Voluntarism : a Sceptical Defence », *International Journal for the Study of Skepticism* 3 (2013), p. 24-44.

4. p. 92-93.

il faut le croire. Les éléments proposés par Olivi soumettent notre croyance à des impératifs moraux : par exemple, il est admis qu'il nous faut éviter les actes vicieux ; or, pour pouvoir les éviter, nous devons d'abord croire qu'ils sont vicieux ; donc, il nous faut croire que les actes vicieux le sont effectivement [1]. Dans le même ordre d'idée, le fondement du culte catholique est la croyance en un Dieu suprêmement bon, qui rémunère la vertu et punit le vice, qui soit, d'une manière générale, conforme au credo catholique. Si nous voulons rendre ce culte, nous devons donc croire à ce Dieu.

Par ailleurs, le fait que notre croyance dans ces différents éléments soit volontaire et ait pour motif le désir de vénérer Dieu et de se soumettre à lui met en exergue le caractère vertueux de notre croyance : appuyée sur notre amour pour Dieu et non sur notre confiance en nous-mêmes et notre propre raison, elle correspond à une louable attitude d'humilité [2] et permet de contourner la difficulté de l'étude des vérités de foi, qui ne nous permet d'accéder qu'à une petite parcelle de la vérité, au prix d'un grand travail [3] – sans compter que certains objets de foi, que nous avons le devoir de croire, sont tout simplement inaccessibles à la raison humaine ou ne peuvent être démontrés que de façon probable, ce qui produit en nous une certitude à leur sujet inférieure à celle que nous devons avoir [4]. En outre, même les meilleures démonstrations requièrent de nous un travail intellectuel complexe dont nous ne pouvons jamais être sûrs que nous ne nous sommes pas trompés

---

1. p. 70-73.
2. p. 78-83.
3. p. 76-77.
4. p. 106-107.

dans l'une ou l'autre de ses étapes[1]. Autrement dit, – et Olivi tire ici d'un constat réaliste sur la pratique de la démonstration une position remarquablement sceptique – même si nous pouvions démontrer de la manière la plus rigoureuse toutes les vérités de foi, nous aurions encore besoin de croire volontairement car la certitude d'une croyance volontaire immédiate sera toujours plus grande et plus stable que celle qui est produite par un raisonnement dont nous doutons.

Tout cela peut se comprendre mais ne fait que redoubler la nécessité pressante de trouver des critères normatifs distinguant bonnes et mauvaises croyances. Qu'il faille fréquemment croire sans raison, pour simplement vivre en société, pour se lancer dans des entreprises risquées, pour respecter ses parents peut se comprendre et se justifier : tous ces impératifs peuvent apparaître à tout un chacun[2]. Mais, concernant la foi religieuse, si nous pouvons admettre qu'elle permet de mieux éviter les vices et de mieux rechercher la vertu, tels que définis par la doctrine catholique, si nous pouvons admettre qu'elle permet de mieux vénérer Dieu, tel qu'il est présenté par la doctrine catholique, une

---

1. p. 106-107.

2. Même si beaucoup d'auteurs contemporains en tirent des conclusions formulées davantage en termes d'acceptation : il est nécessaire pour mener une vie convenable d'accepter certaines propositions, c'est-à-dire de faire comme si elles étaient vraies, plutôt que de les croire vraies. Par ex., pour avoir une existence supportable, il serait raisonnable d'agir comme si la plupart des gens nous disaient la vérité dans la plupart des occasions, sans forcément y croire avec une grande fermeté. Pour une réflexion sur le lien entre la théorie thomasienne de la foi et la notion d'acceptation, cf. C. Michon, « Aquinas and the Will to Believe », in D. Lukasiewicz, R. Pouivet (eds.), *The Right to Believe. Perspectives in Religious Epistemology*, Frankfurt, Paris, Lancaster, New Brunswick, Ontos Verlag, 2012.

question n'en demeure pas moins : pour quelle raison voudrions-nous faire tout cela ? Qu'est-ce qui rend plus légitime de désirer le faire que de faire le contraire, d'adhérer à une autre religion, à une autre doctrine ? Qu'est-ce qui fonde la légitimité morale du culte catholique ?

Il est clair d'abord que cela ne peut pas être un raisonnement moral. Pour toutes les raisons évoquées plus haut, Olivi considère que nous ne pouvons pas nous fier à notre raisonnement humain, y compris dans le domaine moral, car ce serait déroger à l'humilité dont nous devons faire preuve en nous soumettant à Dieu et non à notre propre raison, toujours faillible. En revanche, le franciscain, comme nous l'avons vu, accepte que certaines vérités, directement saisissables sans raisonnement par notre intellect ou par nos sens, ne puissent faire l'objet de doute puisqu'elles ne supposent aucun processus rationnel dans lequel pourrait se dissimuler une erreur. Il n'est donc pas étonnant qu'il recoure au même type d'appréhension directe concernant les vérités morales. Ainsi, les œuvres du Christ ne permettent pas d'établir sa divinité parce que l'on pourrait mener un raisonnement comme « Le Christ a fait x ; or seul Dieu peut faire x ; donc le Christ est Dieu », mais bien parce que, au travers de ses œuvres, la vérité et la majesté de Dieu est dite « luire »[1]. De même, l'autorité, la clarté et la vivacité de la vérité divine sont dites « reluire » (*relucere*) dans tous les éléments de la vie spirituelle du chrétien, de l'examen des dogmes aux illuminations reçues, en passant par les miracles rapportés[2]. Le fait que Dieu « luise » ainsi dans les objets de foi constitue pour Olivi

---

1. p. 116-117.
2. p. 120-123.

un témoignage divin en faveur de leur vérité[1]. Et c'est en raison de ce témoignage que nous sommes fondés à les croire.

En quoi consiste ce témoignage? Que peut vouloir dire le fait que la vérité divine luise dans un certain objet? Cela ne veut certes pas dire que la vérité de ces objets nous apparaît de façon immédiate et évidente, sans quoi la foi ne nous serait pas nécessaire : nous saurions simplement qu'ils sont vrais. A ce qu'il semble, cela ne peut vouloir dire non plus que, d'une façon ou d'une autre, Dieu nous indiquerait directement qu'ils sont vrais, par un témoignage dont nous saurions évidemment et immédiatement qu'il vient de Dieu. Si c'était le cas, puisque Dieu ne ment pas, nous saurions de même que les objets de foi sont vrais et nous n'aurions pas à les croire. La solution à ce problème se trouve livrée dans la question IX et dans le texte de notre deuxième annexe.

Il est clairement exposé dans la question IX que la manière dont nous apparaissent les objets de foi que nous devons croire est la suivante : ce sont des objets qu'il nous faut croire si nous voulons vénérer Dieu comme nous le devons[2]. Nous l'avions déjà vu dans la question VIII. Ce qui est ajouté ici est l'association entre cette notion d'une vérité divine qui « reluit » et cette appréhension de notre devoir de croire[3]. Comme nous l'avons vu, le fait que la vérité divine « reluise » est assimilé à un témoignage de Dieu. Or il en va de même de notre appréhension des propositions de foi comme devant être crues : si nous les appréhendons ainsi, c'est que Dieu témoigne en leur faveur. Cela nous suggère ce qu'Olivi a en tête : lorsque nous

1. p. 122-125 ; p. 152-153 ; p. 162-163.
2. p. 140-143.
3. p. 162-165.

saisissons une proposition de foi, le devoir de la croire nous apparaît. Le témoignage de Dieu est comme une marque immédiatement perceptible attachée à cette proposition, qui nous fait immédiatement voir sa crédentité (le fait qu'il nous faut la croire si nous voulons vénérer Dieu convenablement) à défaut de nous faire voir sa vérité.

Que cette expérience provienne d'une appréhension morale immédiate et non d'un processus rationnel susceptible d'erreur ne signifie pas pour autant qu'Olivi rejette toute possibilité de travail rationnel ayant pour objet les propositions de foi. D'abord, rien n'empêche que, à partir d'une ou plusieurs propositions de foi, on puisse faire des déductions. Ainsi, si je crois que les propositions « Tout A est B » et « Tout B est C » sont vraies parce qu'elles sont contenues dans la Bible, je croirai de même la proposition « Tout A est C » déduite des deux premières, bien que cette dernière ne soit pas contenue dans la Bible [1].

Mais, de façon plus originale, Olivi décrit une progression dans la foi qui ne procède pas seulement par déduction mais par habituation affective. Ainsi, bien que le chrétien ait le devoir d'aimer son prochain par amour pour Dieu, de telle sorte que l'amour de Dieu doit nécessairement précéder l'amour du prochain puisqu'il est son motif, néanmoins l'amour du prochain, plus facile d'accès, nous dispose à mieux aimer Dieu. De la même façon, bien qu'une proposition de foi p puisse être crue en vertu de la croyance en une proposition de foi q, de telle sorte que la croyance en q précède nécessairement la croyance en p, néanmoins la croyance en p peut être plus forte que la croyance en q et nous disposer à mieux croire cette dernière [2]. Ainsi Olivi tire-t-il de sa conception

1. p. 134-137.
2. p. 136-139.

fortement affective de la foi une description du progrès que l'on peut faire dans la foi sans pour autant croire davantage de propositions de foi.

Si nous admettons donc ce modèle olivien d'une évidence morale identifiée à un témoignage de Dieu qui est la garantie de sa valeur morale, un problème se pose. Comme Olivi l'affirme, la croyance en Dieu qui est le fondement de l'édifice de la foi est une croyance volontaire justifiée, de la même manière que toutes les autres, par sa valeur morale. Mais on ne peut imaginer que cette valeur morale soit établie, comme c'est le cas pour les autres objets de foi, du fait d'un témoignage divin, car cela présupposerait de croire déjà en un Dieu capable de rendre un tel témoignage.

Le problème peut se résoudre de la manière suivante. Dans un passage énigmatique de la question IX[1], Olivi fait allusion au fait que l'on peut prendre une chose comme fin d'une action sans la connaître, du seul fait que sa raison de fin nous apparaisse lorsque nous appréhendons ce que son nom signifie. Pour clarifier ce point, prenons l'exemple du concept du bien. Par définition, ce concept désigne quelque chose de désirable. Je peux donc chercher le bien, c'est-à-dire avoir le bien pour fin, l'appréhender comme tel, à partir de la seule saisie de son concept, sans nécessairement savoir précisément ce qu'il est. Dans un autre passage de la question IX[2], Olivi fait allusion à un instinct caché, qui serait présent chez tous les hommes, et serait activé par l'habitude, prise au sein des communautés humaines, de croire ce que transmet l'autorité. Cet instinct nous conduirait à chercher Dieu et à le vénérer.

1. p. 164-165.
2. p. 168-169.

Ces deux éléments, le fait de prendre quelque chose pour fin du fait de la simple saisie de son concept et cet instinct occulte, se trouvent unis dans une même position défendue dans le deuxième livre du commentaire des *Sentences* d'Olivi. Dans le texte que nous faisons figurer en deuxième annexe[1], Olivi indique que, par la simple appréhension du concept de Dieu comme bien suprême, nous sommes pris d'amour pour lui, du sentiment de notre devoir envers lui et convaincus de la possibilité de son existence. Pour agir conformément à cet amour et à ce devoir, il nous faut poser que Dieu existe, sans quoi nous ne pourrions rien accomplir à son égard. Nous croyons donc volontairement à son existence afin de pouvoir le vénérer.

L'instinct considéré ici est appelé par Olivi *naturalissimus*. Il nous paraît donc clair qu'il n'est pas question d'événements surnaturels ou d'une action de la grâce qui produirait en nous la foi. Au contraire, c'est sur la base d'un fonctionnement correct de nos facultés naturelles que le devoir de croire en Dieu, comme bien suprême, nous apparaît naturellement. C'est donc sur une évidence morale naturelle que se fonde notre foi en Dieu et, par suite, notre foi dans tous les autres objets de foi sur la base de son témoignage.

Nous supposons donc que nous sommes capables de discerner, par la simple appréhension des objets de foi, un signe qui nous incite à y croire et à vénérer Dieu; et nous supposons encore que ce signe nous apparaît comme un témoignage de Dieu lui-même. Si nous pouvons émettre ces suppositions, d'après Olivi, c'est seulement du fait d'un premier acte de foi, appuyé sur une appréhension instinctive de notre devoir de croire en Dieu. C'est cet acte qui nous permet de saisir ce signe que nous voyons comme un témoignage du Dieu dans lequel nous croyons.

1. p. 176-177.

A ce titre, on peut dire que tout l'édifice olivien de la foi repose sur une évidence morale naturelle. Toute la question, bien sûr, est de savoir comment l'évaluer. Une telle évidence est-elle réellement accessible à toute raison humaine ou ne peut-elle émerger que sur le fond d'une communauté linguistique et épistémique donnée qui la fait apparaître comme une évidence ? C'est là un enjeu dont Olivi semble avoir une conscience inchoative. Il insiste en effet sur la difficulté pour le sujet croyant de distinguer en lui-même ce qui est le produit de l'habitude sociale et ce qui est le produit de l'instinct très naturel nous permettant d'accéder à l'évidence morale [1]. Cela fait voir très clairement le caractère fondamental du problème posé aux auteurs médiévaux par la place de plus en plus importante que prend la réflexivité, l'examen par les théologiens de la façon dont le chrétien vit et questionne intérieurement sa foi. Olivi prend ainsi sa place dans le développement de la pensée médiévale de la croyance et de la foi, comme nous allons le suggérer succinctement pour finir.

LA PLACE D'OLIVI DANS L'HISTOIRE DES THÉORIES MÉDIÉVALES DE LA CROYANCE ET DE LA FOI

La première différence remarquable que l'on peut repérer lorsqu'on compare Olivi à ses prédécesseurs a trait au rôle du surnaturel dans sa conception de la foi. Parmi les grands auteurs scolastiques, la question de la séparation entre naturel et surnaturel est un thème central. Il existe en effet une différence fondamentale entre foi acquise (la croyance que chacun peut naturellement acquérir par lui-même) et foi infuse (la foi donnée par Dieu, qui rend l'acte de foi plus facile, méritoire voire fait connaître ce qu'il

1. p. 170-171.

faut croire) [1]. L'exemple de Thomas d'Aquin est significatif. Il met en exergue la différence qu'il peut y avoir entre une foi volontaire naturelle, qui ne garantit ni la vérité de la croyance ni sa moralité, puisqu'elle peut être, comme chez Olivi, le fait d'un hérétique, et une foi volontaire surnaturelle qui les garantit [2].

1. *Cf.* par ex. G. Barbaglio, *Fede acquisita e fede infusa secondo Duns Scoto, Occam e Biel*, Brescia, La Nuova Cartografica, 1968.

2. Thomas d'Aquin, *Quodlibet VI*, q. 4, co. : « Certitudo autem adhaesionis non est propria virtutis fidei. Primo quidem, quia convenit virtutibus intellectualibus, puta sapientiae, scientiae et intellectui. Secundo, quia convenit non solum fidei verae, sed etiam falsae ; sicut enim est opinio vera et falsa, ita et fides ; nec minus firmiter inhaeret aliquis veritati quam falsitati, ut philosophus dicit in VII Ethic. Tertio, quia certitudo inhaesionis non semper provenit ex aliquo habitu ; sed ex proprio arbitrio aliquis potest assensum suum firmare ad aliquod verum vel falsum antequam habeat habitum. Quarto, quia certitudo inhaesionis non solum competit fidei formatae, quae est virtus, sed etiam fidei informi, quae non est virtus. Dicendum est ergo, quod in haeretico certitudo inhaesionis est actus falsae fidei ; in malo autem Catholico est actus fidei informis. Et sic in neutro est actus virtutis fidei. »

Et encore Thomas d'Aquin, *Quodlibet VI*, q. 4, ad 1 : « In malo autem Catholico est ex habitu fidei informis. Sed in haeretico est vel ex habitu perverso fidei, vel ex pura potentia, sicut in principio antequam habitum acquisiverit ; non enim potest dici quod perversa fides sit habitus infusus. Quod autem dicitur, quod potentiis non meremur neque demeremur, si sic intelligatur quod non meremur neque demeremur hoc ipso quod habemus potentias, verum est : si autem sic intelligatur quod pura potentia non possit esse principium merendi neque demerendi, verum est quantum ad meritum, quod non potest esse sine gratia ; non est autem verum quantum ad demeritum, alioquin ille qui a principio peccat, antequam acquirat habitum vitiosum, non demeretur. » Le fait que l'acte de la foi fausse puisse être posé avant qu'un habitus ne soit acquis montre qu'il est question d'une foi acquise. Le premier acte d'une foi acquise s'accomplit alors que l'on ne possède pas d'habitus de foi. C'est précisément par la répétition d'actes de foi qu'il s'acquiert. Par contraste, l'acte d'une foi surnaturelle s'accomplit alors que cet habitus de foi a déjà été reçu de Dieu.

L'absence totale de la distinction entre foi acquise et foi infuse, ou du moins du vocabulaire de l'acquis et de l'infus, dans ces *Questions sur la foi*, est remarquable. Mais elle ne paraît guère surprenante après ce que nous avons indiqué concernant le rôle de l'instinct naturel chez lui. Comme nous l'avons vu, notre croyance dans les objets de la foi catholique procède de notre appréciation d'une marque du témoignage divin. Que cette marque nous apparaisse du fait de la grâce divine ou que nous puissions la voir d'une manière naturelle a finalement peu d'importance : ce qui compte, moralement parlant, est la première croyance naturelle qui nous permet de bien la saisir comme un témoignage divin.

Cela ne signifie pas que l'on ne puisse statuer sur le caractère surnaturel ou non de l'apparition de cette marque. En tout état de cause, de nombreux éléments du texte olivien font pencher dans le sens du surnaturel. Cela permet de trouver chez le franciscain des éléments relevant d'une justification plus ordinaire de la foi. Si celle-ci est un don de Dieu, alors elle ne peut nous faire adhérer qu'au vrai. Notre volonté, aidée surnaturellement par Dieu lorsqu'elle pousse l'intellect à croire ce qu'il doit croire, est ainsi assurée de nous mener seulement vers le vrai. Une justification de ce type peut être considérée, dans une terminologie contemporaine, comme externaliste et « hyper-fiabiliste »[1]. Externaliste, parce qu'elle fait reposer la justification de nos croyances sur une réalité qu'il n'est pas en notre pouvoir de connaître : le fait que nous ayons reçu une foi surnaturelle et que nos croyances soient les

---

1. *Cf.* J. Hawthorne, « Aquinas on Faith and Knowledge : Reply to Robert Pasnau », *in* J. Marenbon (ed.), *Continuity and Innovation in Medieval and Modern Philosophy*, Oxford, Oxford University Press, 2013, p. 125.

effets de cette réception ; « hyper-fiabiliste » parce que nos croyances, dans un tel cadre, sont le produit du fonctionnement de nos facultés naturelles aidées par la grâce, un fonctionnement qui aboutit à la formation de croyances qui ne sont pas seulement vraies en général (ce qui caractériserait un modèle fiabiliste) mais bien toujours et infailliblement. De fait, ce que dit Olivi de la foi comme don divin semble aller dans ce sens [1].

Mais Olivi ne s'en tient précisément pas là et propose une doctrine de la foi faisant place à une appréhension immédiate et évidente de faits moraux fondée sur la mise en œuvre d'un instinct naturel et non de facultés surnaturelles. Cette appréhension, à défaut de proposer une justification épistémique internaliste (c'est-à-dire fondée sur l'examen de ce que nous pouvons connaître) de la foi, propose bien une justification morale internaliste de celle-ci [2].

Les différences de vocabulaire entre Thomas et Olivi ne doivent toutefois pas servir à masquer leurs proximités théoriques réelles. Dans certains textes, Thomas d'Aquin se rapproche fortement de la position d'Olivi, notamment lorsqu'il affirme que notre croyance en Dieu procède de notre désir naturel de l'aimer, désir qui ne peut être satisfait que si nous croyons en lui [3]. Cela semble indiquer que le

1. p. 118-119 ; p. 134-135.
2. Sur les notions de justification épistémique et de justification morale des croyances et les liens qui les unissent, *cf.* E. Mills, « The Unity of Justification », *Philosophy and Phenomenological Research* 58 (1998), p. 27-50.
3. Thomas d'Aquin, *Super Sent.*, lib. 3, d. 23, q. 2, a. 5, ad 5 : « [...] quamvis fides praesupponat voluntatem, non tamen praesupponit voluntatem jam amantem, sed amare intendentem, inquantum est fides : quia non potest affectus in aliquo firmari per amorem in quo intellectus non est firmatus per assensum ; sicut etiam non potest tendere in aliquod per desiderium quod prius intellectus non apprehendit. Unde iste est

modèle thomasien est mixte : si la saisie des propositions de foi comme propositions qui doivent être crues, et même de Dieu comme objet aimable, a une source assurément surnaturelle, la croyance préalable en Dieu qui permet de saisir cette évidence morale comme un témoignage divin, et lui fournit donc une fondation et une justification, procède quant à elle d'un désir et d'une volonté naturels d'atteindre Dieu. La différence qui existe entre Thomas et Olivi sur ce point réside dans le fait que, là où Thomas met davantage l'accent sur le fait que notre foi répond à un désir naturel de croire, Olivi la fonde plutôt sur un sentiment naturel du devoir de croire, qui semble décrire une expérience morale différente, et mieux apte à justifier moralement une croyance.

Sur le plan de l'expérience du croyant, Olivi marque une autre différence notable avec Thomas d'Aquin. Là où ce dernier ne remet pas en question l'origine divine de l'expérience faite par le croyant de l'impératif moral de croire, Olivi indique pour sa part que, même lorsque l'expérience en question provient de l'instinct naturel, il semble au croyant que cela vient entièrement de l'habitude sociale contractée au contact des membres de sa communauté et de leurs discours sur les vérités religieuses. Ce sont des discours auxquels les croyants, et singulièrement les enfants et les simples, sont particulièrement sensibles du fait de leur malléabilité et de l'amour éprouvé pour ces membres de la communauté qui font autorité [1].

naturalis ordo actuum, quod prius apprehenditur Deus, quod pertinet ad cogitationem praecedentem fidem, deinde aliquis vult ad eum pervenire, deinde amare vult, et sic deinceps, ut dictum est prius. »
1. p. 168-171.

La difficulté, voire l'impossibilité pour le croyant de distinguer ce qui relève de mécanismes sociaux qui peuvent concerner n'importe quelle croyance, y compris des croyances fausses et immorales, et n'ont donc aucune valeur fondationnelle, qu'elle soit épistémique ou morale ; et ce qui relève de mécanismes, naturels ou surnaturels, qui peuvent avoir une telle valeur, cette difficulté fait partie des thématiques nouvelles et originales avancées par Olivi. Néanmoins, le vocabulaire de la manifestation et de l'apparition, très présent lorsque le franciscain aborde la manière dont l'instinct naturel nous rend sensible le devoir de croire, incite à maintenir l'idée d'un fondationnalisme moral internaliste chez lui. Même si le fonctionnement de l'instinct peut être entravé ou mis en échec, même s'il est difficile de distinguer son action de l'action des mécanismes sociaux, il donne lieu à une expérience singulière et vécue comme telle, si l'on en croit la description qu'en donne Olivi. Cette expérience peut servir de fondation à la moralité de nos croyances.

Chez Jean Duns Scot, l'incapacité pour le croyant de distinguer dans son expérience intérieure ce qui relève de la foi acquise, produite par la volonté du croyant et susceptible de porter sur n'importe quel objet, et la foi infuse, donnée par Dieu et ne pouvant porter que sur le vrai, est un élément central de la réflexion sur la foi. Duns Scot en tire argument pour disqualifier tout modèle de la foi qui prendrait le témoignage divin pour pierre de touche, et met au contraire l'institution ecclésiastique au centre du jeu, dont les déterminations sont l'unique critère de la justesse et de la moralité des croyances[1]. Il semble donc

---

1. *Cf.* N. Faucher, « Prêter foi avec parcimonie. Le traitement scotiste de la foi acquise et de la foi infuse », dans C. Grellard, P. Hoffmann, L. Lavaud (éd.), *Genèses antiques et médiévales de la foi*, Turnhout,

que l'importance progressivement acquise par l'examen de l'expérience réflexive du croyant finisse par écarter l'idée d'une justification morale internaliste fondée sur le témoignage divin. Il n'est plus question ici ni d'instinct ni de marque divine mais simplement d'une volonté de respecter les commandements ecclésiastiques.

Il faut également noter qu'Olivi s'inscrit en faux contre l'idée d'une foi pensée comme une lumière illuminant l'intellect de telle sorte que tout objet de foi puisse être directement et absolument connu de façon évidente comme un objet qui doit être cru. Comme nous l'avons vu, si évidence morale il y a concernant l'obligation de croire les objets de foi, c'est une obligation morale conditionnelle : il est évident pour nous qu'il nous faut croire ceci ou cela si nous voulons vénérer Dieu et non de façon absolue. Que nous choisissions de le faire dépend du choix que nous faisons de nous conformer à l'unique évidence morale absolue dont nous disposons de façon instinctive : l'évidence de notre devoir de croire en Dieu pour le vénérer.

Enfin, sur le plan de la psychologie de la foi, Olivi défend une position souple. Comme tous les théologiens catholiques médiévaux, il affirme l'existence d'une disposition à croire, nommée habitus ou vertu de foi. Cette disposition a à la fois pour rôle de faciliter les actes de la volonté commandant à l'intellect de croire et de rendre possible le fait pour l'intellect d'obéir à ce commandement. Olivi estime que cette disposition peut être unique et jouer ces différents rôles ou qu'il peut exister différentes dispositions dans une même âme, nommés habitus partiels

Brepols, 2020, p. 391-407 ; R. Cross, « Testimony and Reasonable Belief in Medieval Religious Epistemology », in *Knowledge, Belief, and God : New Insights*, J. Hawthorne, M. Benton (eds.), Oxford, Oxford University Press, 2018, p. 29-53.

et correspondant aux différents types d'opérations psychologiques (volontaires et intellectuelles) nécessaires à la production d'un acte de foi mais aussi aux différents objets de foi. Par contraste, Bonaventure défendait par exemple l'idée d'un habitus unique facilitant ces différentes opérations, tandis que Duns Scot n'admet qu'un seul habitus de foi, strictement intellectuel, tous deux considérant que l'habitus de foi est unique et ne se multiplie pas en fonction du nombre des objets de foi. Olivi joue donc un rôle d'intermédiaire dans un processus historique de simplification et de fragmentation de l'habitus de foi [1] mais introduit aussi une option nouvelle qui paraît anticiper la pensée d'Ockham : ce dernier admet en effet qu'à un objet de foi correspond un habitus de foi acquise, la foi infuse demeurant, comme habitus, une et indivisible [2].

---

1. *Cf.* N. Faucher, « What Does a Habitus of the Soul Do ? The Case of the Habitus of Faith in Bonaventure, Peter John Olivi and John Duns Scotus », *in* N. Faucher, M. Roques (eds.), *The Ontology, Psychology and Axiology of Habits (*Habitus*) in Medieval Philosophy*, Dordrecht, Springer, 2018, p. 107-126.

2. *Cf.* Guillaume d'Ockham, *Reportatio III*, q. IX (OTh VI, p. 286, l. 15-p. 298, l. 5). Sur la conception ockhamiste de la foi, *cf.* C. Grellard, « La fides chez Guillaume d'Ockham : de la psychologie à l'ecclésiologie », *in* M. Forlivesi, R. Quinto, S. Vecchio (eds.), *« Fides virtus ». The Virtue of Faith from the Twelfth to the Early Sixteenth Century, op. cit.*, p. 335-368 ; C. Grellard, *De la certitude volontaire*, Paris, Publications de la Sorbonne, 2014, p. 61-84 ; N. Faucher, M. Roques, « Les justifications de la foi d'après Guillaume d'Ockham », *Freiburger Zeitschrift für Philosophie und Theologie* 62 (2015), p. 219-239 ; D. Piché, « Raisons de croire et vouloir croire : le débat entre Durand de Saint-Pourçain, Gauthier Chatton et Guillaume d'Ockham », *in* J. Pelletier, M. Roques (eds.), *The Language of Thought in Late Medieval Philosophy*, Dordrecht, Springer, 2018, p. 210-214.

CONCLUSION

Comme nous avons cherché à le montrer, Pierre de Jean Olivi occupe une place importante dans l'histoire des théories de la croyance et de la foi. A partir d'une théorie générale de la croyance testimoniale fondée sur la valeur pratique et morale de l'adhésion au témoignage d'autrui plutôt que sur sa valeur épistémique, le franciscain élabore une doctrine qui explique et justifie la croyance religieuse par le recours à l'impératif moral naturel de croire en Dieu susceptible d'être appréhendé par tout individu rationnel. Une fois acquise cette première croyance, toutes les autres vérités de foi peuvent s'appréhender comme objets à croire pour mieux vénérer Dieu. L'appréhension de ces impératifs moraux fournit le motif d'actes de la volonté capables, d'après Olivi, de faire naître dans l'intellect les croyances ainsi commandées.

On voit donc se déployer dans ce texte tous les éléments d'une pensée philosophique de la croyance religieuse : une théorie du témoignage fondée sur sa valeur pratique ; une éthique de la croyance faisant place à une justification morale internaliste et à une justification épistémique externaliste ; une psychologie autorisant un volontarisme doxastique direct et l'acquisition de dispositions à croire et à vouloir croire permettant d'affirmer tant la stabilité de la foi, considérée comme un état et non simplement comme un acte ponctuel, que la responsabilité du croyant dans sa croyance.

L'originalité et l'ampleur de vue d'Olivi justifient ainsi pleinement qu'historiens de la philosophie et philosophes contemporains de la religion ou de la connaissance prêtent attention à sa pensée.

Pierre de Jean Olivi

QUESTIONS SUR LA FOI

Questions VIII et IX

QUAESTIO VIII

QUAERITUR AN SIT POSSIBILE AC DEBITUM
ET VIRTUOSUM CREDERE SINE RATIONE.

[Rationes contra]

A. Et videtur primo quod non sit possibile :

1. Sicut enim nihil potest amari, nisi sub aliqua ratione boni, sic nihil potest credi, nisi sub aliqua ratione veri : oportet enim quod illud, quod quis credit, sibi videatur aliquo modo verum sicut oportet quod amatum videatur amanti aliquo modo bonum; sed nihil potest videri esse verum, nisi sit per se notum vel per aliquam rationem aliquo modo probatum.

2. Item, nullus potest alterum duorum oppositorum prae-assumere et praeferre, nisi illud secundum aliquam rationem videatur praevalentius et praeeligibilius : ergo nullus potest unum oppositorum ad credendum prae-assumere, nisi videatur sibi esse verius et credibilius quam suum oppositum; sed hoc non potest fieri sine ratione aut sine evidentia scientiali vel coniecturali; ergo etc.

QUESTION VIII

On cherche s'il est possible, si c'est un devoir et s'il est vertueux de croire sans raison.

[Arguments *contra*]

A. Et tout d'abord il semble que cela ne soit pas possible :

1. En effet, de même que rien ne peut être aimé que sous une certaine raison du bien, de même, rien ne peut être cru que sous une certaine raison du vrai : en effet, il faut que ce que quelqu'un croit lui semble vrai en quelque façon, tout comme il faut que ce qui est aimé paraisse bon en quelque façon à celui qui aime ; mais rien ne peut sembler être vrai, qui ne soit connu par soi ou prouvé en quelque façon par le biais d'une certaine raison.

2. De même, nul ne peut accepter par avance et privilégier l'un de deux opposés, s'il ne lui semble pas avoir plus de valeur et être préférable d'après une certaine raison. Donc nul ne peut accepter par avance l'un des membres d'un couple d'opposés en vue de le croire, s'il ne lui paraît pas être plus vrai et plus crédible que son opposé ; mais cela ne peut se produire sans raison ou sans évidence scientifique ou conjecturale ; donc etc.

3. Item si exsistenti in occidente proponatur : Credisne regem Aegypti esse modo in camera vel in horto ? ipse dicet quod non debet nec potest hoc plus quam illud credere, quia nullam habet rationem credendi hoc plus quam illud ; et idem est in quibuscumque consimilibus.

4. Item, ratio obiectiva non sumitur a potentia vel habitu potentiae, immo oportet quod sit realiter in obiecto ; sed credibilitas est ratio obiectiva credentis ; ergo oportet quod ipsa, in quantum talis, ponat aliquid in obiecto. Sed non videtur aliud ponere quam evidentiam veritatis aut verisimilitudinis seu probabilitatis : ergo non potest obici ut credibile, nisi obiciatur sub praedicta evidentia ; sed non potest credi, nisi obiciatur seu praesentetur nobis ut credibile ; ergo etc.

5. Item, actus potentiae intellectivae exit ab ea secundum suam vim activam, propter quod et accipit genus ab illa : ergo voluntas non potest facere intellectum exire in actum, nisi secundum exigentiam suae vis seu lucis intellectivae ; illa autem non potest exire, nisi in actum expressivum et discretivum et diiudicativum seu intellectivum veritatis vel verisimilitudinis sui obiecti. Unde credere videtur idem quod videri sibi ita esse vel non esse ; ergo videtur quod nec per voluntatem nec per aliquid aliud possit intellectus exire in actum credendi, nisi suum obiectum videatur esse verum vel verisimile.

3. De même, si l'on pose à quelqu'un qui vit en occident la question : « Crois-tu que le roi d'Egypte se trouve en cet instant dans une chambre ou dans un jardin ? », il dira qu'il ne doit ni ne peut croire ceci plus que cela, parce qu'il n'a aucune raison de croire ceci plus que cela ; et il en va de même dans n'importe quels cas semblables.

4. De même, on ne pose pas une raison objective à partir d'une puissance ou de l'habitus d'une puissance. Il faut au contraire qu'elle soit réellement dans un objet ; mais la crédibilité est la raison objective de celui qui croit ; donc, en tant que telle, il faut qu'elle pose quelque chose dans un objet. Mais elle ne semble pas poser autre chose que l'évidence de la vérité, de la vraisemblance ou de la probabilité ; donc elle ne peut apparaître comme crédible que si elle apparaît sous l'évidence susdite ; mais on ne peut la croire que si elle nous apparaît ou se présente comme crédible ; donc etc.

5. De même, l'acte d'une puissance intellective provient d'elle selon sa force active et, pour cette raison, reçoit d'elle son genre : donc la volonté ne peut faire parvenir l'intellect à un acte, si ce n'est conformément à sa force ou lumière intellective ; or il ne peut parvenir qu'à un acte qui exprime, discerne et analyse ou intellige la vérité ou la vraisemblance de son objet. C'est pourquoi le fait, pour quelqu'un, de croire semble être la même chose que le fait qu'il lui semble en être ainsi ou non ; donc il semble que l'intellect ne puisse parvenir à l'acte de croire, par le biais de la volonté ou d'autre chose, que si son objet lui paraît être vrai ou vraisemblable.

6. Item, certitudo credulitatis seu fidei non potest dari intellectui a sola voluntate, alias possem esse certus de quocumque vellem ; ergo oportet ultra hoc aliquid dari ex parte intellectus, id est ex parte obiecti, ex quo etiam praedicta certitudo proveniat.

7. Item, nos experimento probamus multa non posse nos credere, quamvis vehementer velimus illa credere. Unde et saepe dicimus : "Bene libenter vellem hoc vel illud credere sed non possum". Ergo per solam voluntatem non fit nobis illud possibile, sed oportet addi aliquam rationem inductivam ad credendum ex parte intellectus et obiecti.

8. Item, quod a sola voluntate inducitur, a sola contraria voluntate destrui potest ; sed multi apostatae nostrae fidei vellent discredere totam fidem Christi, et non possunt ; ergo eorum credulitas non erat inducta a sola voluntate. Ex quo videtur quod illa etiam quae sunt nostrae fidei non possunt ab intellectu nostro credi per solum imperium nostrae voluntatis.

6. De même, la certitude de la croyance ou de la foi [1] ne peut être donnée à l'intellect à cause de la seule volonté, sans quoi je pourrais être certain de tout ce que je voudrais ; donc il faut, outre ceci, que quelque chose soit donné du côté de l'intellect, c'est-à-dire du côté de l'objet, et c'est même de cela que provient la certitude susdite.

7. De même, nous prouvons par l'expérience que nous sommes incapables de croire de nombreuses choses, bien que nous voulions intensément les croire. C'est pourquoi nous disons aussi souvent : « Je voudrais bien volontiers croire ceci ou cela, mais je ne le puis. » Donc cela ne nous est pas rendu possible par la seule volonté, mais il faut ajouter quelque raison qui amène à croire, du côté de l'intellect et de l'objet.

8. De même, ce qui est amené par la seule volonté, la seule volonté contraire peut le détruire ; mais de nombreux apostats de notre foi voudraient refuser de croire toute la foi du Christ, et ne le peuvent pas ; donc leur croyance n'avait pas été amenée par la seule volonté. C'est pourquoi il apparaît que même ce qui relève de notre foi ne peut être cru par notre intellect du seul fait du commandement de notre volonté.

---

1. Les termes de croyance et de foi ne sont pas à entendre ici dans un sens religieux mais simplement dans le sens d'un assentiment à la vérité de ce qui est cru. J'ai une croyance à l'égard de la proposition « Socrate est blanc » si j'estime que Socrate est blanc, quelle que soit la source ou la raison de cette estimation. J'ai une foi à l'égard de la proposition « Socrate est blanc » si je suis certain que Socrate est blanc du fait d'un acte de ma volonté, comme on le verra dans la suite. Les termes croyance et foi sont à prendre dans ce sens dans l'ensemble du texte. La foi catholique sera simplement un cas particulier qui se distingue par le fait qu'elle se rapporte à des objets ayant trait à Dieu, au salut et autres considérations afférentes et qu'elle a une source de justification morale spécifique, comme indiqué dans l'introduction, *cf.* p. 21-31.

9. Item, Ioan. 12, 39-40, dicitur de Iudaeis : *Propterea non poterant credere, quia dicit Isaias : Excaecavit oculos eorum, ut non videant oculis et intelligant corde*; ergo secundum hoc nullus potest credere, nisi habeat lumen, per quod videat et intelligat veritatem credendorum aut credibilitatem ipsorum.

B. Quod autem non sit debitum seu non teneamur aliquid credere sine ratione, videtur :

1. Primo, quia non tenemur ad aliquid impossibile; probatum est autem hoc esse nobis impossibile.

2. Secundo, quia non tenemur ad illud, ad cuius oppositum natura et naturalis ratio inclinat; inclinat autem ad nihil credendum, nisi per aliquam rationem.

3. Tertio, quia nihil est debitum, nisi prius sit nobis possibile. Sed credere superintelligibilia obiecta nostrae fidei non est possibile nisi per habitum fidei; illum autem habitum non est suscipere aut acquirere possibile, nisi cum nobis imprimitur et datur a Deo; ergo ante hanc impressionem non tenemur illa credere.

4. Quarto, quia Ioan. 15, 24, dicit Christus : *Si opera non fecissem in eis quae nemo alius fecit, peccatum non haberent*; et loquitur de peccato incredulitatis Iudaeorum in Christum. Ergo Iudaei non tenebantur credere Christo, nisi prius fecisset opera singularia, ex quibus posset evidenter probari ipsum esse Christum; ergo non tenebantur credere sine ratione.

9. De même, en Jean 12, 39-40, il est dit des Juifs : « En outre, ils ne pouvaient pas croire, parce qu'Isaïe dit : "Il a aveuglé leurs yeux, pour qu'ils ne voient pas de leurs yeux, ni ne comprennent de leur cœur" » ; donc, d'après cela, nul ne peut croire, qui ne dispose d'une lumière, par le biais de laquelle il voie et comprenne la vérité ou la crédibilité de ce qu'il faut croire.

B. Or que cela ne soit pas un devoir ou que nous ne soyons pas tenus de croire quelque chose sans raison, il le semble bien :

1. Premièrement, parce que nous ne sommes pas tenus à l'impossible ; or il a été prouvé que cela nous est impossible.

2. Deuxièmement, parce que nous ne sommes pas tenus à ce à l'opposé de quoi la nature et la raison naturelle nous inclinent ; or elles nous inclinent à ne croire quoi que ce soit que par le biais de quelque raison.

3. Troisièmement, parce que rien n'est un devoir qui ne nous soit d'abord possible. Mais croire les objets surintelligibles de notre foi n'est possible que par le biais d'un habitus de foi ; or il n'est possible de recevoir ou d'acquérir cet habitus que lorsque Dieu l'imprime en nous et nous le donne ; donc, avant cette impression, nous ne sommes pas tenus de les croire.

4. Quatrièmement, parce qu'en Jean 15, 24, le Christ dit : « Si je n'avais réalisé parmi eux les œuvres que personne d'autre n'a réalisées, ils n'auraient pas de péché » ; et il parle du péché d'incroyance des Juifs dans le Christ. Donc les Juifs n'auraient pas été tenus de croire le Christ, s'il n'avait auparavant réalisé des œuvres singulières, à partir desquelles on pourrait prouver avec évidence qu'il est le Christ ; donc ils n'étaient pas tenus de croire sans raison.

5. Quinto, quia contra rationem est obligari ad aliquid agendum sine ratione.

6. Sexto, quia praeceptum non obligat, nisi sit primo scitum vel creditum; ergo non obligamur ad praeceptum credendum, nisi primo sciamus vel credamus nobis esse praeceptum credere illud; ergo credere praecedit omnem obligationem praecepti.

7. Septimo, quia quando absque vitio, immo cum virtute, possum aliquid omittere, non teneor ad illud, dato etiam quod illud sit melius; sed credendo omnia vera per rationem et propter solam rationem non pecco, immo opus virtuosum facio; ergo etc. – Probatio minoris : Operari enim secundum veram rationem et ferri in verum secundum rectam rationem est de se opus bonum; sequi etiam ordinem naturae et rationis naturalis a Deo inditum, quod utique fit innitendo rationi rectae, est bonum. – Rursus, sequi ordinem doctrinae Christi est bonum; ipse autem tam per miracula quam per multas alias vias visus est persuadere se esse Christum et Deum, ergo bonum est credere in Christum per rationabiles persuasiones; et hoc ipsum videtur Christus approbare, Ioan. 14, 11, dicens : *alioquin propter ipsa opera credite.* Constat autem quod propter opera non creditur alicui, nisi arguendo et concludendo ex operibus virtutem causae operantis; ergo credere propter opera est credere propter rationem.

5. Cinquièmement, parce qu'il va contre la raison d'obliger à faire quelque chose sans raison.

6. Sixièmement, parce qu'un précepte n'oblige que s'il est d'abord su ou cru ; donc nous ne sommes obligés de croire un précepte que si nous savons ou croyons d'abord qu'il nous faut croire ce précepte ; donc le fait de croire précède toute obligation par un précepte.

7. Septièmement, parce que, quand je peux sans vice, ou mieux, avec vertu, omettre quelque chose, je n'y suis pas tenu, quand bien même cela serait mieux ; mais, en croyant toutes choses vraies par une raison et à cause seulement d'une raison, je ne pèche pas, ou mieux, je fais une œuvre vertueuse ; donc etc. – Preuve de la mineure : en effet, agir selon une raison vraie et être porté au vrai par une raison droite est, en soi, une bonne œuvre ; il est encore bon de suivre l'ordre de la nature et de la raison naturelle imposé par Dieu, ce que l'on fait assurément en s'appuyant sur la raison droite. – Derechef, suivre l'ordre de la doctrine du Christ est bon ; or on a vu le Christ persuader, tant par le biais de miracles que de nombreuses autres manières, qu'il était le Christ et Dieu, donc il est bon de croire dans le Christ du fait d'arguments persuasifs raisonnables ; et c'est cela même que le Christ paraît approuver, en disant, en Jean 14, 11 : « Du reste, croyez à cause des œuvres mêmes ». Or il est un fait que l'on ne croit quelqu'un en raison de ses œuvres qu'en argumentant et en concluant à partir de ses œuvres à la force de leur cause opérante ; donc croire à cause des œuvres, c'est croire à cause d'une raison.

C. Quod autem non sit virtuosum, videtur :

1. Quia credere sine ratione est credere sine prudentia et ratione, et sine regula virtutum.

2. Secundo, quia hoc est parvipendere lumen rationis, ac per consequens et conditorem eius.

3. Tertio, quia exponere se periculis erroneis, et praecipue in his quae spectant ad Deum et divinum cultum, est perniciosum vel temerarium.

4. Quarto, quia ferri in quaecumque quasi casualiter, est potius fortuitum aut temerarium quam virtuosum, et est committere se ipsum casui vel fortunae ; sed qui credit aliqua sine aliqua ratione, fertur in illa quasi casualiter ; ergo etc.

5. Quinto, quia adhaerere incertis tamquam certis est erroneum ac vitiosum ; sed qui nescit an illud, cui fide adhaeret, sit verum et eius contrarium sit falsum, adhaeret incerto tamquam certo, quia constat quod talis est incertus de veritate sui crediti et de falsitate sui contrarii ; ergo etc.

6. Sexto, quia Eccli. 19, 4, dicitur : *Qui cito credit, levis est corde*; et Ioannes, I Canonica sua, dicit : *Nolite omni spiritui credere, sed probate spiritus si ex Deo sunt*; et Apostolus, I Thess. 5, 21, dicit : *Omnia probate ; quod bonum est tenete.* Sed nihil levius aut celerius in credendo, aut minus probatum seu examinatum, quam sine omni ratione credere ; ergo etc.

C. Or il semble que cela ne soit pas vertueux :

1. Parce que croire sans raison, c'est croire sans prudence ni raison, et sans la règle des vertus.

2. Deuxièmement, parce que c'est faire peu de cas de la lumière de la raison, et par conséquent aussi de son créateur.

3. Troisièmement, parce que s'exposer aux périls de l'erreur, et surtout en ce qui concerne Dieu et le culte divin, est pernicieux ou téméraire.

4. Quatrièmement, parce qu'être porté comme par hasard vers n'importe quelles choses est plutôt fortuit ou téméraire que vertueux, et c'est s'en remettre au hasard ou à la fortune ; mais qui croit certaines choses sans aucune raison est porté vers elles comme par hasard ; donc etc.

5. Cinquièmement, parce qu'adhérer à ce qui est incertain comme à quelque chose de certain est erroné et vicieux ; mais qui ne sait pas si ce à quoi il adhère par une foi est vrai, et son contraire faux, adhère à un incertain comme à quelque chose de certain, parce qu'il est manifeste qu'un tel homme est incertain de la vérité de ce qu'il croit et de la fausseté de son contraire ; donc etc.

6. Sixièmement, parce qu'en Ecclésiaste, 19, 4, il est dit : « Qui croit vite a le cœur léger » ; et Jean, dans sa première épître Canonique, dit : « Ne croyez pas tout esprit, mais éprouvez les esprits pour savoir s'ils sont de Dieu »[1] ; et l'Apôtre [Paul], dans la première épître aux Thessaloniciens, 5, 21, dit : « Prouvez toutes choses ; attachez-vous au bien. » Mais rien n'est plus léger ou plus rapide, ou moins prouvé ou pesé, en matière de croyance, que de croire sans aucune raison ; donc etc.

---

1. *Cf.* I Jean 4, 1.

7. Septimo, quia in humanis reputatur perniciosum dare iudicium contra aliquem vel pro aliquo, nisi testibus et legibus a iure seu ratione naturali procedentibus constet de crimine unius et de iustitia alterius : ergo multo perniciosius erit hoc in divinis. Sed qui dat iudicium contra haereticum vel pro fideli, non habens certam rationem veritatis suae fidei et falsitatis ipsius haeretici et suae haeresis, est huiusmodi ; ergo etc.

8. Octavo, quia qua ratione est virtuosum credere sine ratione, eadem ratione et sine testibus ; et qua ratione est vitiosum inniti rationi humanae, eadem ratione est vitiosum inniti testimonio hominum. Sed credere auctoritati et testimonio prophetarum et apostolorum vel auctoritati Ecclesiae, non est vitiosum, sed virtuosum ; credere autem sine tali testimonio, est praesumptuosum, nisi quis instar prophetarum habeat super hoc revelationem propheticam ; et credere testimonio prophetarum et Ecclesiae habet secum annexam rationem, cui creditur et propter quam talibus testibus statur.

9. Nono, quia si soli lumini increato est innitendum, ergo eadem ratione et soli voluntati ac virtuti increatae. Ergo qua ratione malum est inniti principaliter rationi creatae, eadem ratione malum est inniti principaliter illi voluntati creatae, qua voluntarie credimus in Deum ; et qua ratione malum est credere sine tali voluntate creata, eadem ratione et sine ratione creata ; et etiam qua ratione

7. Septièmement, parce que, dans les affaires humaines, on estime pernicieux de rendre un jugement pour ou contre quelqu'un, si l'on n'a pas établi le crime de l'un ou la droiture de l'autre grâce à des témoins et des lois procédant du droit ou de la raison naturelle ; donc cela sera bien plus pernicieux encore dans les affaires divines. Mais qui rend un jugement contre un hérétique ou en faveur d'un fidèle sans avoir de raison certaine de la vérité de sa foi et de la fausseté de l'hérétique et de son hérésie, est de ce type ; donc etc.

8. Huitièmement, parce que, pour la même raison qu'il est vertueux de croire sans raison, il est vertueux aussi de croire sans témoins ; et pour la même raison qu'il est vicieux de s'appuyer sur la raison humaine, il est vicieux de s'appuyer sur le témoignage des hommes. Mais croire à l'autorité et au témoignage des prophètes et des apôtres ou à l'autorité de l'Église n'est pas vicieux, mais vertueux ; tandis que croire sans un tel témoignage est présomptueux, si l'on n'a pas à ce sujet, à l'instar des prophètes, une révélation prophétique ; et croire au témoignage des prophètes et de l'Église s'accompagne d'une raison annexe, à laquelle on croit et par laquelle on juge grâce à de tels témoins.

9. Neuvièmement, parce que, s'il ne faut s'appuyer que sur la lumière incréée, alors, selon la même raison, il ne faut s'appuyer que sur la volonté et la vertu incréée. Et donc, pour la même raison qu'il est mauvais de s'appuyer principalement [1] sur la raison créée, il est mauvais de s'appuyer principalement sur cette volonté créée,

---

1. Principalement, ici et dans la suite du texte, signifie en principe ou comme sur un principe. Le terme désigne toute démarche qui prend quelque chose comme principe, c'est-à-dire comme point de départ n'appelant pas une justification supérieure, que ce soit en vue d'une argumentation, d'une adhésion, d'une action, etc.

innitendo tali voluntati dicetur inniti Deo, eadem ratione
innitendo rationi creatae innitetur Deo.

10. Decimo, quia aut est in credendo innitendum rationi
creatae aut increatae, aut rationi naturali vel supernaturali;
ergo saltem non est virtuosum credere sine ratione naturali
vel supernaturali.

11. Undecimo, quia non minus virtuosum est credere
Deum esse vel Deum dixisse et credi mandasse omnes
articulos nostrae fidei et omnia verba sacrae Scripturae,
quam credere illa quae dicta sunt a Deo. Sed duo priora
non possunt credi a nobis innitendo Deo primo et immediate,
quia ridiculosum est dicere quod quis credat Deum esse,
quia Deus hoc dixit, aut quod quis credat Deum haec vel
illa dixisse, quia dixit se illa dixisse; et semper oporteret
reddere causam quare credit primae dictioni Dei. Ergo
videtur quod istud non possit virtuose credi a nobis, nec
aliquo modo, nisi per aliquam rationem inducentem nos
ad credendum [Deum] esse vel Deum illa dixisse.

12. Duodecimo, quia Iudaei et haeretici multa vera et
salutaria credunt de Deo sine ratione; et tamen suum
credere non est virtuosum, quia non alia ratione vel voluntate
credunt illa quae sunt vera quam illa quae sunt prava et
erronea.

par laquelle nous croyons volontairement en Dieu ; et, pour la même raison qu'il est mauvais de croire sans une telle volonté créée, il est mauvais aussi de croire sans une raison créée ; et encore : pour la même raison que, en s'appuyant sur une telle volonté, on dira que l'on s'appuie sur Dieu, on s'appuiera sur Dieu en s'appuyant sur la raison créée.

10. Dixièmement, parce que, quand on croit, il faut s'appuyer soit sur une raison créée soit sur une raison incréée, ou bien soit sur une raison naturelle soit sur une raison surnaturelle ; donc, à tout le moins, il n'est pas vertueux de croire sans raison naturelle ou surnaturelle.

11. Onzièmement, parce qu'il n'est pas moins vertueux de croire que Dieu existe ou que Dieu a dit et a prescrit de croire tous les articles de notre foi et toutes les paroles de l'Ecriture sainte, que de croire ce que Dieu a dit. Mais nous ne pouvons croire aux deux premiers en nous appuyant sur Dieu au premier chef et immédiatement, parce qu'il est ridicule de dire que quelqu'un croit que Dieu existe parce que Dieu l'a dit, ou que quelqu'un croit que Dieu a dit ceci ou cela, parce qu'il a dit qu'il l'avait dit ; et il faudrait toujours expliquer pourquoi il croit à la première parole de Dieu. Donc il semble que nous ne puissions croire ceci vertueusement, et ce en aucune façon, si ce n'est par une certaine raison qui nous conduise à croire que [Dieu] existe ou qu'il a dit ces paroles.

12. Douzièmement, parce que les Juifs et les hérétiques croient de nombreuses choses vraies et salutaires au sujet de Dieu sans raison ; et cependant ils ne croient pas vertueusement, parce que c'est par la même raison ou volonté qu'ils croient les choses qui sont vraies et celles qui sont mauvaises et erronées.

[Responsio ad quaestionem VIII]

I. [Petri Ioannis Olivi positio propria]

Ad quaestionem primam respondeo quod credere aliquid sine ratione tripliciter potest intelligi : Primo videlicet, quia in credito nulla est ratio obiectiva quae credi debeat vel possit; et hoc modo patens est quod nihil sine ratione credi potest. – Secundo, quia non est rationabile seu conveniens illud credere, aut quia nulla regula seu nullo lumine rationis, aut saltem non integro vel non vitiato, dirigitur homo in actu credendi. Et hoc modo possunt credi aliqua falsa vel temerarie credita, quae quidem credere non est debitum nec virtuosum. – Tertio modo, quia de re credita non habetur ratio demonstrativa sive necessaria, nec ratio probabilis ex habitudinibus fundatis in re credita procedens, aut quamvis habeatur, non tamen homo principaliter innititur ei in actu credendi. Nec etiam habetur evidentia rationis, qualis est in visibili intelligentia eorum quae praesentialiter intra vel extra sentimus, vel qualis est intelligentia primorum et omnino indubitabilium principiorum, sine quibus nihil intelligi potest. Et hoc modo rationabiliter et virtuose multa creduntur et credi possunt, tam in humanis quam in divinis.

[Réponse à la question VIII]

I. [Position propre de Pierre de Jean Olivi]

A la première question, je réponds que « croire quelque chose sans raison » peut être entendu de trois manières, à savoir : premièrement, cela peut signifier qu'il n'y a, dans ce que l'on croit, aucune raison objective qui doive ou puisse être crue ; et en ce sens il est patent que rien ne peut être cru sans raison. Deuxièmement, cela peut signifier qu'il n'est pas raisonnable ou convenable de croire cela, ou que l'homme n'est dirigé dans son acte de croire par aucune règle ou aucune lumière de la raison, ou du moins ne l'est-il pas par une lumière saine ou non viciée. Et en ce sens on peut croire certaines choses fausses ou crues de façon téméraire, que l'on n'a assurément pas le devoir et qu'il n'est pas vertueux de croire. Troisièmement, cela peut signifier qu'au sujet de la chose crue, on ne dispose pas d'une raison démonstrative ou nécessaire, ni d'une raison probable procédant de relations fondées dans la chose crue, ou que, bien qu'il ait un argument, cependant l'homme ne s'appuie pas principalement sur lui dans l'acte de croire. Et l'on n'a pas non plus d'évidence de raison, à la façon de l'intelligence sur le mode de la vision de ces réalités que nous sentons comme présentes à l'intérieur ou à l'extérieur de nous-mêmes, ou à la façon de l'intelligence des principes premiers et tout à fait indubitables, sans lesquels rien ne peut être intelligé. Et en ce sens, on croit et on peut croire raisonnablement et vertueusement de nombreuses choses, tant dans le domaine humain que divin.

In humanis quidem tam quoad praeterita, quam quoad futura, quam quoad praesentia. Multa enim praeterita credere oportet, sine quorum credulitate non potest debita reverentia et pietas haberi aut reddi; quae tamen non possunt nobis innotescere per rationis evidentiam sumptam ex habitudinibus rei creditae. Quamvis enim filius non assimiletur patri et matri, nihilominus debet credere se esse genitum ab eis : alias enim nec ad ipsos nec ad attinentes sibi per ipsos habebit affectionem et oboedientiam seu reverentiam debitam. Et tamen constat quod talis nulla ratione scire potest se esse genitum ab eis, sed solum habet inniti communi testimonio parentum et vicinorum. Et idem est de quibuscumque benefactoribus, qui sibi vel suis multa bona fecerunt, antequam ipse usum sensuum vel rationis haberet. [Constat] quod etiam multas famosas historias gestorum praeteritorum habet rationabiliter credere, saltem quantum ad famosissima sua, et tamen ratione probari non possunt, nisi solum pro quanto irrationabile est credere quod tanta fama in omnibus aut in suis principalissimis sit mendosa.

Multa etiam futura consimiliter credi oportet. Alias enim fere nullum negotium certe aget, nisi scilicet credat quod bene et utiliter finietur et quod bonum et prosperum eventum habebit. Quomodo enim navigans maria

C'est certain dans les matières humaines, pour ce qui touche tant aux choses passées qu'aux choses futures et aux choses présentes. – En effet, il faut croire nombre de choses passées ; et, si on ne les croit pas, on ne peut avoir ni s'acquitter de la révérence et de la piété qui sont des devoirs ; et cependant, nous ne pouvons pas prendre connaissance de ces choses passées par le biais d'une évidence reçue des relations de la chose crue. De fait, même si un fils ne ressemble pas à son père et à sa mère, néanmoins, il doit croire qu'il a été engendré par eux : en effet, autrement, il n'aura pas, pour eux ni pour ceux qui lui sont liés par leur entremise, l'affection et l'obéissance ou la révérence qu'il doit. Et cependant il ne peut, on le voit bien, savoir par aucune raison qu'il a été engendré par eux ; mais il doit seulement s'appuyer sur le témoignage commun de ses parents et des voisins. Et il en va de même de n'importe quels bienfaiteurs, qui ont rendu, à lui-même ou aux siens, beaucoup de services, avant qu'il n'ait eu l'usage de ses sens ou de sa raison. [On voit bien] encore qu'il lui faut raisonnablement croire nombre de célèbres récits passés, pour ce qui est du moins des actions les plus célèbres, bien qu'on ne puisse les prouver par une raison, si ce n'est seulement dans la mesure où il est déraisonnable de croire que soit mensongère la si grande célébrité de tous ces récits, ou du moins de leurs parties les plus importantes.

De même, il faut aussi croire de nombreuses choses futures. En effet, on n'entreprendra certainement aucune activité à moins de croire qu'elle se terminera bien et utilement et qu'elle aura un dénouement bon et heureux. En effet, comment quelqu'un qui navigue sur les mers

ibit ad portam, si nullo modo credit aut omnino desperat
se perventurum ? Et idem est de negotiis mercationum aut
plurimorum, quorum tamen eventus a nobis ratione probari
non possunt, cum sint ad utramque [partem] se habentes.

In praesentibus etiam multa consimiliter credi oportet :
alias nulli homini credam, nisi solum quantum de facto
videbo ; et tunc peribit tota firmitas totusque nexus societatis
humanae. Nullum enim credam mihi esse amicum aut
fidelem in verbo aut pacto aut iuramento, quia constat
quod nulla ratione possum probare an in verbo et signis
mihi servet fidelitatem. Secundum hoc etiam non debeo
velle quod aliquis mihi credat, nisi sint sibi ratione probata.
– Secundum hoc etiam nihil de exterioribus, quae absunt
a sensibus nostris, credere debemus, nisi possent ratione
probari vel per aliquid ad memoriam tamquam prius visa
vel sentita reduci. Et ita nullam civitatem, quantumcumque famosam, nullumque regnum aut hominem vel
bestiam credam esse, nisi solum illa quae praesentialiter
cerno vel memoria teneo. – Secundum hoc etiam
peribit omnis fructus doctrinae. Constat enim quod in
omni scientia et arte « oportet discentem primo credere ».
Unde si ab initio in nullo vult magistro credere, nisi prius

ira-t-il au port, s'il ne croit aucunement ou désespère tout
à fait d'y parvenir ? Et il en va de même des activités de
marchandages ou d'un très grand nombre d'autres sortes,
dont, cependant, nous ne pouvons prouver les dénouements
par une raison, puisqu'elles peuvent avoir une issue ou
une autre.

De même, parmi les choses présentes, il faut aussi en
croire de nombreuses, sans quoi je ne croirai aucun homme,
si je ne vois pas ce dont il parle de mes propres yeux : et
dès lors disparaîtront toute la fermeté et tous les liens de
la société humaine. En effet, je ne croirai pas que quelqu'un
soit mon ami ou me soit fidèle sur la base d'une parole,
d'un contrat ou d'un serment, parce qu'il est un fait que
je ne peux prouver par aucune raison s'il me conservera
sa fidélité sur la base d'une parole et de signes. Toujours
selon ceci, je ne dois pas vouloir que quelqu'un me croie
à moins que les choses que je lui ai dites ne lui aient été
prouvées par une raison. – Toujours selon ceci, nous ne
devons rien croire au sujet des choses extérieures qui sont
éloignées de nos sens, si elles ne peuvent être prouvées
par une raison, ou ramenées par quelque biais à la mémoire,
en tant que vues ou perçues auparavant. Et ainsi, je croirai
que n'existe aucune cité, si célèbre soit-elle, ni aucun
royaume, aucun homme ou aucune bête, si ce n'est ceux
dont je discerne par les sens la présence ou que je garde
en mémoire. – Toujours selon ceci, on ne tirera plus profit
d'aucun enseignement. En effet, il est manifeste que, dans
toute science et tout art, « celui qui apprend doit d'abord
croire »[1]. C'est pourquoi si, dès le départ, celui qui apprend
ne veut croire aucun maître, s'il ne sait auparavant, selon

---

1. *Cf.* Aristote, *Réfutations sophistiques*, c. 2, 165b 3.

per rationem illa esse vera aut sic esse fienda cognoscat, numquam bene informabitur, sed semper erit discolus et rebellis.

Ex his potest quis aperte videre quod tota vita nostra humana necessario regi habet multiplici credulitate eorum, quae a nobis ratione probari non possunt.

Nemo igitur mirari debet, si respectu divinorum et respectu futurae gloriae vita nostra debet regi fide non fundata in ratione humana, et hoc respectu praeteritorum, praesentium et futurorum. – Si enim priores patres et benefactores teneor recognoscere et amare, quamvis non mihi ratione probatos, quanto magis primum principium mei et omnium, summum scilicet creatorem, conservatorem et gubernatorem, quamvis nondum mihi ratione probatum! Quomodo etiam mala aeterna fugiam et ad bona aeterna prospere procedam, nisi firmiter credidero illa? – Si etiam in humanis aliquibus dictis et pactis hominum oportet me credere, quanto magis Deo

une raison, que ces choses que le maître veut lui enseigner sont vraies ou doivent être faites de telle façon, il ne sera jamais bien formé, mais sera toujours indiscipliné et rebelle.

A partir de ces considérations, on peut voir clairement que toute notre vie humaine doit être nécessairement gouvernée par de nombreuses croyances à l'égard de ce que nous ne pouvons prouver par une raison.

Personne ne doit donc s'étonner si, du point de vue des choses divines et de la gloire future, notre vie doit être gouvernée par une foi non fondée sur la raison humaine, et ce par rapport aux choses passées, présentes et futures. – En effet, si je suis tenu de reconnaître et d'aimer les pères et les bienfaiteurs qui m'ont précédé, bien que l'on ne m'ait pas prouvé par une raison qu'ils soient bel et bien pères et bienfaiteurs, combien plus suis-je tenu de reconnaître et d'aimer le premier principe de moi-même et de toutes choses, à savoir le créateur, conservateur et gouverneur suprême, bien que l'on ne m'ait pas encore prouvé qu'il soit tout cela par une raison! – Comment encore fuirai-je les maux éternels et m'avancerai-je avec bonheur vers les biens éternels, si je ne crois pas fermement à ces maux et à ces biens? – S'il me faut aussi croire à certains dires et contrats des hommes, combien plus dois-je croire Dieu [1]

---

1. Ici et dans la suite, il faut avoir présentes à l'esprit les trois manières dont la croyance peut se rapporter à Dieu. On peut tout d'abord, comme c'est le cas ici, « croire Dieu », *credere Deo*, comme on peut croire un homme ou une autorité : cela veut dire que l'on estime vrai ce que Dieu nous dit ou nous révèle. On peut ensuite « croire à Dieu », *credere Deum* : on prête un assentiment intellectuel à son existence. On peut enfin « croire en Dieu » ou « en vue de Dieu », *credere in Deum* : on croit pour atteindre Dieu dans la béatitude éternelle. *Cf.* T. Camelot, « *Credere Deo, credere Deum, credere in Deum*. Pour l'histoire d'une formule traditionnelle », *Revue des Sciences philosophiques et théologiques* 30 (1941-1942), p. 149-155.

et cultoribus eius in his quae ad verum Dei cultum et [ad perfectionem] suorum spectant debeo credere, quamvis non mihi ratione probentur.

II. [Rationes pro]

Ut autem hoc specialius et clarius innotescat, probemus hoc iuxta ordinem in quaestione hac praenotatum : primo scilicet, quod hoc sit possibile; secundo quod sit debitum; tertio quod sit virtuosum.

A. 1. Quod autem sit possibile, ostendit primo dominium voluntatis super potentias et super suos actus; de qua constat quod potest amore affici nunc ad hoc, nunc ad oppositum, et libentius consentire in unum eorum credendum quam in reliquum. Unde et videmus multos libentius credere et praesumere mala de inimico quam de amico, et bona libentius et facilius de amico quam de inimico, quamquam plures rationes habeant pro parte contraria quam pro sua.

2. Secundo ostendit hoc oboedientia intellectus et eius mobilitas ad utramque partem oppositorum, ad quorum neutrum est ex se terminatus. Constat enim quod iudicium et aestimatio intellectus multum sequitur affectum. Unde eo ipso quo aliquid fortiter amamus, aestimamus et iudicamus [illud] esse nobis bonum, quamquam secundum veritatem sit malum. Nec mirum, quia intellectus movetur et applicatur a voluntate ad illa quae volumus cogitare, et secundum hoc quod magis

et ses adorateurs en ce qui concerne ce qui vise le vrai culte de Dieu et [la perfection] des siens, bien que l'on ne me l'ait pas prouvé par une raison ?

II. [Arguments *pro*]

Or, afin de faire connaître ceci de façon plus spécifique et plus claire, nous le prouverons suivant l'ordre précédemment noté dans cette question : à savoir que nous prouverons premièrement que croire sans raison est possible ; deuxièmement, que c'est un devoir ; troisièmement, que c'est vertueux.

A. 1. Or, que cela soit possible, premièrement, le contrôle de la volonté sur les puissances et sur leurs actes le montre ; au sujet de laquelle volonté il est un fait qu'elle peut, par amour, être disposée tantôt à ceci, tantôt à son opposé, et consentir, de deux choses, à croire plus volontiers l'une que l'autre. C'est pourquoi nous voyons aussi que beaucoup d'hommes croient et supposent de mauvaises choses au sujet de leur ennemi plus volontiers que de leur ami, et de bonnes choses plus volontiers et plus facilement de leur ami que de leur ennemi, quoiqu'ils connaissent plus de raisons favorables à la position contraire qu'à la leur.

2. Deuxièmement, le montrent aussi l'obéissance et la mobilité, vis-à-vis de l'un ou l'autre de deux opposés, de l'intellect, qui ne trouve par lui-même son terme ni dans l'un ni dans l'autre. En effet, il est manifeste que le jugement et l'estimation de l'intellect suivent beaucoup l'affect. C'est pourquoi, du fait même que nous aimons quelque chose avec force, nous le jugeons et l'estimons bon pour nous, quoiqu'il soit mauvais selon la vérité. Et ce n'est pas étonnant, parce que l'intellect est mû et appliqué par la volonté à ce que nous voulons penser et selon que, davantage, nous le voulons ou, davantage, nous

volumus vel nolumus, maius et minus applicatur vel retrahitur. Constat autem quod quanto fortius applicatur, tanto ceteris paribus fortiori nexu invisceratur et unitur suo obiecto, ac per consequens et tanto firmius et intensius assentit.

3. Tertio ostendit hoc ratio credibilium et incredibilium. Quorum quaedam se ingerunt in tanta evidentia, quod intellectui aliud videri non potest; quaedam vero sic, quod intellectui vix aliud videri potest; quaedam vero sic, quod intellectui partim videtur hoc, partim oppositum, et partim inclinatur ad hoc credendum, partim ad illud credendum; quaedam vero sic, quod nec inclinant nec impugnant intellectui, ita quod intellectus est leviter girabilis ad quodcumque.

4. Quarto ostendit hoc diversitas assensuum seu modorum assentiendi. Assentire enim uno modo idem est quod videre seu visibiliter seu intelligibiliter affirmare quod res sic vel sic se habet. Et istud, quando est cum plena reflexione iudicii, addit ad simplicem visionem seu apprehensionem plenitudinem iudiciariae approbationis. – Secundo modo dicit idem quod convincere et coniecturando iudicare quod hoc sic vel sic se habet. Et hoc iudicium aliquando est permixtum cum suo contrario, ita quod homo partim conicit et iudicat hoc, partim illud, et partim dubitat de hoc, partim de illo. Aliquando vero non est ibi aliquid de opinione contraria, nisi solum

ne le voulons pas, il est plus ou moins appliqué ou retiré. Or il est manifeste que, plus fort il est appliqué, plus fort, toutes choses égales par ailleurs, est le lien qui l'enracine et l'unit à son objet, et, par conséquent, plus ferme, aussi, et plus intense, son assentiment.

3. Troisièmement, la raison des croyables et des incroyables le montre. Certains d'entre eux s'imposent dans une telle évidence qu'il ne peut sembler à l'intellect qu'il en aille autrement qu'ils ne l'indiquent ; mais certains se présentent de telle sorte qu'il semble difficile à l'intellect qu'il en aille autrement qu'ils ne l'indiquent ; mais certains encore se présentent de telle sorte que, d'une part, tel croyable, d'autre part, son opposé, semblent vrais à l'intellect, et qu'il incline en partie à croire celui-ci, en partie à croire celui-là ; mais certains enfin se présentent de telle sorte qu'ils n'inclinent pas l'intellect vers eux-mêmes ni ne lui répugnent, en sorte que l'intellect peut être tourné sans difficulté vers n'importe lequel d'entre eux.

4. Quatrièmement, la diversité des assentiments ou des manières d'assentir le montre. En effet, assentir, d'une première manière, est la même chose que voir ou affirmer selon la vision ou l'intellection qu'il en va d'une chose de telle ou telle façon. Et, quand cela s'accompagne d'une pleine réflexion du jugement, ceci ajoute à la simple vision ou appréhension la plénitude de l'approbation judicative. – D'une deuxième manière, cela veut dire la même chose que convaincre et juger par conjecture qu'il en va de telle chose de telle ou telle manière. Et ce jugement est parfois mêlé à son contraire, en sorte qu'un homme conjecture et juge en partie ceci et en partie cela, et doute en partie de ceci et en partie de cela. Mais parfois, il n'y a là rien de l'opinion contraire, sinon seulement

timor, ne forte altera pars sit vera. Aliquando vero est praesumptio ita violenta, quod talis timor repellitur, quamvis res nec in se nec per consequentiam seu rationem omnino necessariam videatur. – Tertio modo est idem quod firmiter tenere rem pro vera et ei adhaerere firmiter tamquam si coram se praesentialiter eam cerneret et haberet. Et hoc modo assentimus illis, quae absolute et omnino immobiliter volumus credere et tenere. Et hoc modo fideles credunt dogmata fidei catholicae et haeretici dogmata suarum haeresum et sectarum. Constat autem quod iste modus tertius non necessario includit aut praesupponit aliam evidentiam rationis quam quod obiectum sit sic cogitabile et assumptibile, quod possit a mente praedicto modo teneri.

B. 1. Quod autem hoc tertio modo debeamus et teneamur aliqua credere, quamvis non sint nobis ratione necessaria vel coniecturali probata, ostendit : Primo necessitas vitandi vitium. Certum est enim nos teneri vitare vitia et esse absque vitio. Sed vitare non possum, nisi firmiter credendo et tenendo ipsa esse vitia, nullatenus habenda vel committenda. Data igitur quod ratio haec mihi non probet, nihilominus obligatus sum ad ea vitanda, ac per consequens ad credendum ipsa esse mala et fugienda. – Praeterea, constat quod tenemur vitare abominandos errores, fundamenta divini cultus ac verae pietatis et iustitiae

la crainte que peut-être cette dernière ne soit vraie. Mais parfois la présomption en faveur d'une certaine position est si impérieuse qu'une telle crainte est repoussée, bien que la chose ne paraisse vraie ni en elle-même ni selon une conséquence ou une raison tout à fait nécessaire. – D'une troisième manière, assentir est la même chose que tenir fermement une chose pour vraie et y adhérer fermement, comme si on la discernait et la connaissait comme présente en face de soi. Et nous prêtons notre assentiment de cette manière à ce que nous voulons croire et tenir pour vrai de façon absolue et tout à fait immuable. Et les fidèles croient de cette manière aux dogmes de la foi catholique et les hérétiques aux dogmes de leurs hérésies et de leurs sectes. Or il est un fait que cette troisième manière n'inclut ni ne présuppose nécessairement une autre évidence de raison que celle selon laquelle un objet est pensable et recevable de telle façon qu'il puisse être tenu par l'esprit de la façon susdite.

B. 1. Or que nous devions et soyons tenus de croire certaines choses de cette troisième façon, bien qu'elles ne nous soient pas prouvées par une raison nécessaire ou conjecturale, c'est premièrement la nécessité d'éviter le vice qui le montre. Il est en effet certain que nous sommes tenus d'éviter les vices et d'être sans vice. Mais je ne puis les éviter qu'en croyant fermement et en tenant pour vrai qu'ils sont des vices, qu'il ne faut commettre ni avoir en aucune façon. Donc, en admettant que cela ne me soit pas prouvé par une raison, néanmoins je suis obligé d'éviter ces vices, et par conséquent de croire que ce sont des maux et qu'il faut les fuir. – En outre, il est manifeste que nous sommes tenus d'éviter les erreurs subvertissant les fondements du culte divin et de la vraie piété et justice,

subvertentes. Ergo quamvis nobis non sint ratione probata, tenemur credere illa esse errores abominandos.

2. Secundo ostendit hoc necessitas habendi virtutes illas, sine quibus in Deum et proximum et in nos ipsos non possumus esse debite ordinati. Sed ista non possunt haberi, nisi firmiter credantur et teneantur tam obiecta praedictarum virtutum quam ipsae virtutes. Ergo quamvis ratio nobis ad haec probanda non adsit, nihilominus tenemur ad illa credenda.

3. Tertio ostendit hoc debitum, quo sumus adstricti Domino Deo nostro. Constat enim quod, tam ordine naturae quam gratiae et secundum omnem rectam legem, totum quod habemus, summe debemus Deo tamquam creatori ac conservatori et gubernatori, et tamquam summo bono et tamquam ultimo fini nostro. Constat etiam quod semper et super omnia tenemur ipsum recognoscere et habere pro Deo et Domino, ipsumque amare, colere et servire et sibi et eius virtuti ac providentiae totaliter inniti, et eius gratiam et gloriam quaerere toto corde; et sic de consimilibus. Si ergo ad ista simpliciter et absolute et in omnem eventum tenemur, quamquam non sint nobis ratione [proba]ta, tenemur ad ista. Sed hoc non potest fieri, nisi firmiter teneantur acsi praesentialiter visa et nisi Deo indubitabiliter inhaereamus et innitamur tamquam praesentialiter viso.

qu'il faut avoir en horreur. Donc nous sommes tenus de croire que ce sont des erreurs qu'il faut avoir en horreur, bien que cela ne nous soit pas prouvé par une raison.

2. Deuxièmement, le montre la nécessité d'avoir les vertus sans lesquelles nous ne pouvons être dûment ordonnés envers Dieu, notre prochain et nous-mêmes. Mais on ne peut les avoir que si l'on tient pour vrais et que l'on croit fermement tant aux objets des vertus susdites qu'aux vertus elles-mêmes. Donc, bien qu'aucune raison ne nous serve à les prouver, néanmoins nous sommes tenus de les croire.

3. Troisièmement, le montre le devoir par lequel nous sommes liés au Seigneur notre Dieu. En effet, il est un fait que, tant selon l'ordre de la nature que selon l'ordre de la grâce et d'après toute loi juste, tout ce que nous avons, nous le devons au plus haut point à Dieu comme créateur, conservateur et gouverneur, comme bien suprême et comme notre fin ultime. Il est aussi manifeste que, toujours et au-dessus de tout, nous sommes tenus de le reconnaître et de l'avoir pour Dieu et Seigneur, de l'aimer, de l'adorer et de le servir, de nous appuyer totalement sur lui, sa vertu et sa providence, de rechercher de tout notre cœur sa grâce et sa gloire et ainsi de suite. Donc, si nous sommes tenus à ces choses de façon simple et absolue[1], et quoi qu'il advienne, nous y sommes tenus bien qu'elles ne nous soient pas prouvées par une raison. Mais cela ne peut se faire que si on les tient fermement pour vraies, comme si on les voyait en tant que présentes, et si nous adhérons indubitablement à Dieu et nous appuyons sur lui comme si on le voyait en tant que présent.

1. Nous traduisons « *simpliciter et absolute* ». Notons que ces deux adverbes sont généralement entendus dans le même sens, à savoir « absolument ». Une chose prise « *simpliciter* » ou « *absolute* » est envisagée en elle-même, indépendamment de toute forme de relation ou de rapport qu'elle entretiendrait avec quoi que ce soit.

Praeterea, si non debeo credere Deum vel credere Deo, nisi ratione probetur, ergo non teneor nec debeo sibi inniti plus quam mihi et meae rationi, immo plus debeo inniti rationi meae et illi principio, per quod probo Deum esse et per quod probo esse vera illa, quae Deus vult a me credi. Quod est absurdissimum, quia secundum hoc nunquam me habeo ad ipsum sicut ad principium, nec sum sibi totaliter subiectus sicut summo dominatori, nec sequor eius legem et regulam tamquam primam et summam, nec eius voluntati oboedio absolute, sed solum sub conditione, scilicet si prius mihi hoc probaverit per rationem.

Praeterea, quicumque credit aliquid solum propter rationem aliquam vel aliquas, tunc semper apud se tenet quod, si ratio illa non sibi innotesceret, ipse illud quod per eam credit, non crederet. Ergo talis non inhaeret credito simpliciter et immobiliter. Ex quo sequitur quod Deum non debeamus immobilissime sequi et credere, ac per consequens nec sibi immobiliter inhaerere.

Praeterea, radix et fundamentalis initiatio divini cultus est in hoc, quod firmiter teneatur Deus esse, et quod ipse est creator et conservator et gubernator, et iustificator et reparator et liberator, et retributor seu remunerator noster; et quod ipse est summum bonum et summa gloria nostra, et summe timendus et amandus ac colendus a nobis. Constat autem quod primarium fundamentum

En outre, si je ne dois pas croire à Dieu ou croire Dieu à moins d'avoir une raison probante, alors je ne suis pas tenu et je n'ai pas le devoir de m'appuyer sur lui plus que sur moi-même et sur ma raison ; bien plus, je dois m'appuyer sur ma raison et sur ce principe par lequel je prouve que Dieu existe et par lequel je prouve que ce que Dieu veut que je croie est vrai. Ce qui est tout à fait absurde, parce que, selon ceci, jamais je ne me rapporte à lui comme à un principe, je ne lui suis pas totalement assujetti comme à un maître suprême, je ne suis pas sa loi et sa règle comme première et suprême, et je n'obéis pas absolument à sa volonté, mais seulement de façon conditionnée, à savoir si on m'en a auparavant prouvé le bien-fondé par une raison.

En outre, quiconque croit quelque chose seulement à cause d'une ou plusieurs raisons tient alors toujours pour vrai en lui-même que, s'il n'avait pas pris connaissance de cette raison, il ne croirait pas cela même que, d'après cette raison, il croit. Donc un tel homme n'adhérerait pas à ce qu'il croit de façon simple [1] et immuable. D'où il suit que nous ne devons pas suivre Dieu et croire à lui de la façon la plus immuable, ni par conséquent adhérer à lui de façon immuable.

En outre, la racine et le fondement initial du culte divin réside en ceci que l'on tient fermement pour vrai que Dieu existe [2], et qu'il est créateur, conservateur et gouverneur, justificateur, réparateur et libérateur, et qu'il nous rétribue ou rémunère ; qu'il est aussi le bien suprême et notre gloire suprême, et que nous devons le craindre, l'aimer et l'adorer suprêmement. Or il est un fait que le fondement premier

1. Au sens d'absolu, sans condition, comme nous l'avons vu plus haut.
2. Le texte latin indique *Deus* alors qu'il devrait, en toute rigueur grammaticale, indiquer *Deum*.

oportet esse firmissimum et radicatissimum. Ergo credulitatem, qua praedicta tenentur, oportet esse firmissimam et in cultu Dei primariam. Sed hoc esse non potest, si sequitur rationem aut principaliter innititur ei.

4. Quarto ostendit hoc debilitas et obscuritas nostrae rationis ad clare et indubitabiliter probandum praedicta, etiam in sapientioribus et sublimioribus. Praeterea, constat quod etiam studiosissimi et subtilissimi vix in fine suae aetatis possunt per solam investigationem rationis pertingere ad modicam notitiam divinorum ; et propter corruptionem originalem nullus sine speciali gratia Dei potest ad hoc pertingere sine omni errore. Nec mirum, quia etiam in his, quae sensu palpamus, paucas possumus facere demonstrationes, de quibus aliquando non dubitemus. Pauca etiam possumus inde scire et multipliciter ibi fallimur et erramus. Unde Sap. 9, 16-17, dicitur : *Difficile aestimamus quae in terra sunt, et quae in prospectu sunt invenimus cum labore ; quae in caelis autem sunt quis investigabit ? Sensum autem tuum quis sciet, nisi tu dederis spiritum sanctum tuum.* – Praeterea, si soli rationi staretur, non esset sufficienter praevisum multitudini et communitati hominum, quia pauci vel nulli ab initio sunt in his per rationem potentes. Et tamen constat omnes teneri ad bonum et ad ordinem vitae inerrabiliter ducentem in Deum et in vitam aeternam.

doit être au plus haut point ferme et radical. Donc il faut que la croyance par laquelle les choses susdites sont tenues pour vraies soit ferme au plus haut point et première dans le culte de Dieu. Mais ceci ne peut être si elle suit une raison ou s'appuie principalement sur elle.

4. Quatrièmement le montrent la faiblesse et l'obscurité de notre raison, qu'elle manifeste quand elle cherche à prouver clairement et indubitablement les choses susdites, même chez les plus sages et les plus sublimes. – En outre, il est manifeste que même les plus appliqués et les plus subtils peuvent à peine, vers la fin de leur âge, atteindre, par la seule recherche de la raison, à une connaissance modique des choses divines ; et, à cause de la corruption originelle, nul ne peut, sans grâce spéciale de Dieu, atteindre à ceci sans aucune erreur. Et cela n'est pas étonnant, parce que, même en ce qui concerne ce que nous touchons par le sens, nous pouvons faire peu de démonstrations dont nous ne doutions parfois. D'où vient aussi que nous pouvons savoir peu de choses et que nous nous y trompons et y errons de multiples façons. C'est pourquoi il est dit en Sagesse 9, 16-17 : « Nous évaluons difficilement les choses qui sont sur la terre, et nous découvrons laborieusement celles qui sont à portée de vue ; qui alors recherchera celles qui sont dans les cieux ? Qui alors connaîtra ta pensée, si tu ne lui donnes pas ton saint esprit ? » – En outre, si l'on se reposait concernant les vérités divines sur la seule raison, la multitude et la communauté des hommes n'apercevrait pas ces vérités suffisamment en avance, parce qu'il y a peu d'hommes – ou il n'y en a pas – qui soient capables, dès l'abord, de traiter ces questions d'après la raison. Et cependant il est un fait que tous sont tenus au bien et à un ordre de vie qui les mène sans erreur possible vers Dieu et la vie éternelle.

C. 1. Quod autem sit virtuosum, et longe virtuosius quam inniti rationi, patet. Primo ex proprietatibus fidei innitentis Deo simpliciter et absolute et in omnem eventum. Ista enim adhaeret Deo humilius et subiectius et oboedientius, quia totaliter et absolute sequitur Deum et obtemperat Deo, et totam virtutem suae rationis subicit Deo.

Haec etiam dominatur cordi et orbi potentius et magnificentius, quia omnem rationem humanam tenet sub pedibus suis et omnia visibilia et rerum creatarum experientias aut omnino abnegat, aut sibi famulari facit.

Ista etiam ascendit, immo et transcendit, in divina comprehendenda altius et latius, simplicius et intimius, firmius et immobilius. Nullo enim modo per rationem possemus sic alte et late, et sic firmiter et intime, sicque simpliciter et pure in divina ascendere et penetrare, sicut possumus per fidem. Unde Dionysius, 7 cap. *De divinis nominibus*, agens de stultitia seu superexcessiva sapientia fidei Christi, dicit quod omnis humana deliberatio error est, iudicata respectu firmitatis et stabilitatis divinarum ac perfectissimarum intelligentiarum fidei. Et paulo post dicit quod intellectus, qui est secundum nos, habet quidem virtutem ad intelligere per quam intelligibilia conspicit; et ultra hoc habet unionem superexcedentem naturam intellectus, per quam connectitur ad ea quae sunt supra se.

C. 1. Mais, que cela soit vertueux, et de beaucoup plus vertueux que de s'appuyer sur la raison, c'est patent. Premièrement à partir des propriétés de la foi qui s'appuie sur Dieu de façon simple et absolue, et quoi qu'il advienne. En effet, elle adhère à Dieu de façon plus humble, plus assujettie et plus obéissante, parce qu'elle suit Dieu totalement et absolument, obtempère à Dieu et soumet à Dieu toute la force de sa raison.

Elle règne encore sur le cœur et sur le monde de façon plus puissante et plus magnifique, parce qu'elle tient sous ses pieds toute raison humaine ; et, toutes les choses visibles et les expériences des choses créées, soit elle les rejette tout à fait, soit elle en fait ses esclaves.

Elle s'élève encore, et bien plus se surélève, vers une compréhension plus haute et plus large, plus simple et plus intime, plus ferme et plus immuable des choses divines. En effet, par la raison, nous ne pourrions en aucune manière nous élever vers les choses divines et les pénétrer de façon aussi haute et large, aussi ferme et intime, aussi simple et pure, que nous le pouvons par la foi. C'est pourquoi Denys, au chapitre 7 du traité *Sur les noms divins*, traitant de la folie ou sagesse surexcessive de la foi du Christ, dit que toute délibération humaine est une erreur, quand on la juge par rapport à la fermeté et à la stabilité des intellections divines et très parfaites de la foi. Et peu après, il dit que l'intellect qui nous échoit détient certes un pouvoir d'intelliger par lequel il contemple les intelligibles ; et, outre cela, il dispose d'une union qui surexcède la nature de l'intellect, d'après laquelle il est en lien avec ce qui est au-dessus de lui.

Secundum hanc sunt divina intelligendum, non secundum nos, sed potius secundum totos nos a totis nobismetipsis extra statutos et totos Dei effectos : melius est enim esse Dei et non nostri ipsorum.

Haec etiam includit in se rectitudinem voluntatis expressius et perfectius; et hinc est quod plus habet de ratione voluntarii. Propter quod et est ferventior et caritati adhaerentior et plus ei subserviens et a virtute seu rectitudine voluntatis amplius dependens quam sit scientia vel credulitas soli rationi innitens. Fides enim, quae aut rationi non innititur aut non principaliter, sed forte solum sicut domina suae ancillae, procedit ex voluntate adhaerendi divinae veritati, secundum quod in ea consistit vera et integra fundatio divini cultus. Impossibile est etiam aliquid credere sine ratione aut non propter rationem principaliter, nisi per voluntatem ad hoc principaliter moveamur. Et si talis credulitas est recta et Deo subiecta, necessario est a voluntate recta et Deo subiecta.

2. Secundo patet hoc ex causa, propter quam non principaliter innititur rationi. Non enim est causa huius, ut vitiose infra rationem se praecipitet, aut ut a recta ratione deviet et discordet, sed potius ut Deo et divinis altius

C'est par elle qu'il faut intelliger les choses divines, non suivant ce que nous sommes mais plutôt selon que nous sommes tout entiers les effets intégraux de Dieu, à partir de nous-mêmes dans notre intégrité en dehors de nos états présents : en effet, s'agissant de ces choses elles-mêmes, il est meilleur qu'elles relèvent de Dieu et non de nous [1].

Elle comporte aussi, de façon plus expresse et plus parfaite, la droiture de la volonté ; et de là vient que la raison du volontaire lui revient davantage. Et, à cause de cela, elle est plus fervente, adhère davantage à la charité, la sert davantage et dépend plus largement de la vertu ou droiture de la volonté que la science ou la croyance qui s'appuient seulement sur la raison. En effet, la foi, qui ne s'appuie pas sur la raison, ou bien ne s'appuie pas principalement sur elle mais peut-être seulement comme une maîtresse sur sa servante, procède de la volonté d'adhérer à la vérité divine, dans la mesure où la fondation vraie et intègre du culte divin repose sur elle. Il est également impossible de croire quelque chose sans raison ou bien sans que ce soit principalement à cause d'une raison, si nous ne sommes pas mus principalement vers cette croyance par la volonté. Et si une telle croyance est droite et assujettie à Dieu, elle est nécessairement causée par une volonté droite et assujettie à Dieu.

2. Deuxièmement, ceci est patent d'après la cause en vertu de laquelle la foi ne s'appuie pas principalement sur la raison. En effet, si la foi ne s'appuie pas principalement sur la raison, ce n'est pas pour qu'elle s'abaisse vicieusement sous la raison, ou qu'elle dévie de la droite raison et soit en désaccord avec elle, mais plutôt pour qu'elle adhère à Dieu et aux choses divines de façon plus haute,

---

1. *Cf.* Denys l'Aréopagite, *De divinis nominibus*, c. 7, n. 1 (*Patrologia Graeca*, dorénavant *PG* 3, 866-867).

et firmius et rectius, ac verius et celerius et universalius, ac humilius et subiectius inhaereat.

3. Tertio patet hoc ex omnibus circumstantiis huiusmodi fidei simul sumptis, scilicet tam ex obiecto formali, quam ex fine, quam ex modo agendi et se habendi ad obiectum et ad subiectum et ad suam primariam causam, quam ex modo connectendi omnia dogmata divini cultus omnesque fideles in unum. Qui enim suam vel alterius quam Dei rationem principaliter sequuntur, aut sunt inter se divisi, pro eo quod quilibet sequitur se ipsum; aut faciunt sibi plura capita, sicut illi qui dicebant : *Ego quidem sum Pauli, ego* vero *Apollo*; aut omnes in uno puro homine ponunt fidem suam, quod est idololatrare. Per rationem etiam non possumus ita omnia dogmata fidei semper et insimul ad manum habere sicut per simplicem fidem. Et ideo Dionysius, 7 cap. *De divinis nominibus*, in fine dicit fidem esse cognitionem unitivam cognoscentium.

III. [Ad rationes contra]

A. 1. Ad primum igitur, quo probatur quod non sit possibile, dicendum quod, licet nihil possit credi nisi sub ratione veri, non tamen oportet quod illud videatur seu iudicetur esse verum priusquam credatur, quia tunc

plus ferme et plus droite, plus vraie, plus rapide et plus universelle, plus humble et plus assujettie.

3. Troisièmement, ceci est patent à partir de toutes les circonstances prises ensemble d'une telle foi, à savoir tant à partir de son objet formel que de sa fin, de sa manière d'agir et de se rapporter à son objet, à son sujet et à sa cause première, et de sa manière de rassembler en un tous les dogmes du culte divin et tous les fidèles. En effet, ceux qui suivent principalement leur raison ou celle d'un autre plutôt que celle de Dieu soit sont divisés les uns par rapport aux autres, dans la mesure où chacun se suit lui-même ; soit ils se choisissent plusieurs chefs, comme ceux qui disaient : « C'est que moi, je relève de Paul », tandis que « moi, d'Apollos » [1] ; soit tous placent leur foi dans un simple homme, ce qui est de l'idolâtrie. De plus, par la raison, nous ne pouvons pas toujours et en même temps avoir à disposition tous les dogmes de la foi, comme nous les avons à disposition par la simple foi. Et c'est pourquoi Denys, au septième chapitre du traité *Sur les noms divins*, à la fin, dit que la foi est une connaissance qui unit ceux qui connaissent [2].

III. [Réponse aux arguments contra]

A. 1. En réponse au premier argument, par lequel on prouve que croire sans raison n'est pas possible, il faut dire que, bien que rien ne puisse être cru que sous la raison du vrai, il ne faut pas pour autant qu'il apparaisse ou que l'on juge que cela est vrai avant que cela ne soit cru,

---

1. *Cf.* I Cor. 3, 4.
2. *Cf.* Denys l'Aréopagite, *De divinis nominibus*, c. 7, n. 4 (*PG* 3, 871C-D).

eadem ratione oporteret quod videretur esse verum
priusquam sciretur, quia nihil potest sciri, nisi sub ratione
veri. Sufficit igitur quod per ipsummet credere illud videatur
seu iudicetur esse verum. Et in hoc est differentia respectu
amoris, quia actus iudicii est alius actus ab amore; actum
enim amoris praecedit iudicium speculativum, ipsum vero
subsequitur iudicium practicum seu affectuale.

2. Ad secundum etiam consimiliter respondetur, quia
non oportet quod per alium actum illud iudicetur esse
credibilius et verius suo opposito quam per ipsummet actum
credendi, alias in omni comparatione aestimationis nostrae
oporteret praeire aliam aestimationem. Ad hoc etiam

parce qu'alors, pour la même raison, il faudrait que cela paraisse être vrai avant que cela ne soit su, parce que rien ne peut être su que sous la raison du vrai. Il suffit donc que cela paraisse vrai ou qu'on le juge tel par le fait même de croire. Et c'est en cela que croire est différent d'aimer, parce que l'acte de jugement est un autre acte que l'amour ; en effet, le jugement spéculatif précède l'acte d'amour, mais le jugement pratique ou d'affect le suit [1].

2. Au second argument, on répond encore semblablement qu'il ne faut pas juger cela plus crédible et plus vrai que son opposé par un autre acte que l'acte même de croire, sans quoi, pour toute comparaison de notre estimation, il faudrait qu'une autre estimation la précède. En réponse à

---

1. Ici, un problème se pose : le latin impose la traduction que nous proposons, mais le sens n'est pas clair ou pas en cohérence avec le propos d'Olivi. En effet, il ne semble pas que, dans le cas de Dieu, le jugement spéculatif (c'est-à-dire le jugement sur la vérité de l'objet) précède l'acte d'amour puisque tout le propos d'Olivi est de dire que l'on pose l'existence ou la vérité de Dieu (qui est donc l'objet du jugement spéculatif) par amour pour lui. De même, dans la deuxième partie de la phrase, il faudrait supposer que, comme *ipsum* est à l'accusatif, c'est le jugement pratique qui suit quelque chose ; mais il ne peut suivre ni le jugement spéculatif (dans le cas de Dieu, une fois encore, c'est l'inverse puisque Dieu est jugé bon et aimé avant que l'on ne pose son existence), ni l'acte d'amour (puisque la raison doit présenter quelque chose comme bon à la volonté pour que celle-ci l'aime, ce qui suppose justement un jugement pratique, soit un jugement sur la bonté de la chose en question). Si l'on voulait rendre cette phrase cohérente avec le propos d'Olivi, on en serait donc réduit à supposer deux erreurs semblables : *actum* devrait être *actus* et *ipsum ipse* ; la phrase se traduirait alors ainsi : l'acte d'amour précède le jugement spéculatif, mais suit le jugement pratique ou d'affect. Une autre solution serait de considérer que le jugement spéculatif porte sur la bonté en général de l'objet considéré (il est vrai que ceci est bon), tandis que le jugement pratique ou d'affect porterait sur sa bonté en particulier, pour celui qui juge (ceci est bon pour moi). Cela ne correspondrait toutefois pas à l'emploi usuel de ces termes au Moyen Âge.

et ad primum potest dici quod habitus fidei facit quod
obiectum eius sibi occurrat ut verum et ut verius et credibilius
quam suum oppositum; sicut et caritas facit quod inimicus
occurrat sibi ut diligibilis et quod bonum inaccessibile
occurrat nobis ut accessibile, ac per consequens ut amabile.

3. Ad tertium dicendum primo quod, si talis per occultum
instinctum motus esset ad credendum regem esse in camera,
eo ipso haberet rationem credendi ipsum esse ibi. Et sic
est de fidelibus, qui divinitus sunt moti ad credendum
divina. – Secundo dicendum quod multis modis occurrit
aliquid nobis ut credibile, praeterquam per consequentias
ex habitudinibus rei credendae deductas; quos modos non
est dare in exemplo dato de rege. Sed si omnes sui aut fide
digniores dicerent ipsum esse ibi, tunc utique eo ipso
occurreret ut credibile. – Tertio dicendum quod secus est
de his, quae proponuntur menti ut summe sublimia et
universalia et divina, ad quae utique secundum rationes

cet argument et au premier, on peut encore dire que l'habitus de foi fait que son objet se présente comme vrai et plus vrai et plus crédible que son opposé ; de même aussi que la charité fait qu'un ennemi se présente comme aimable et qu'un bien inaccessible se présente à nous comme accessible, et par conséquent comme aimable.

3. En réponse au troisième argument, il faut d'abord dire que, si un tel homme était mû par un instinct caché à croire que le roi est dans une chambre, par là même, il aurait une raison de croire qu'il est en cet endroit. Et il en va de même des fidèles, qui sont divinement mus à croire les choses divines. – Deuxièmement, il faut dire que quelque chose se présente à nous comme crédible de nombreuses façons, en plus des déductions faites à partir des relations de la chose qu'il s'agit de croire ; or, dans l'exemple donné du roi on ne donne pas ces façons <de rendre crédible>. Mais si tous ses proches [1] ou ceux qui sont les plus dignes de foi disaient qu'il est à cet endroit, alors, par là même, cela se présenterait en tout cas comme crédible. – Troisièmement, il faut dire qu'il en va autrement des choses qui sont proposées à l'esprit comme suprême-ment sublimes, universelles et divines, vers lesquelles la nature nous incline de toute façon d'après des raisons [2]

1. Le latin *omnes sui* peut désigner les proches du roi ou ceux de l'homme à qui la présence du roi dans sa chambre apparaîtrait comme crédible ; s'il s'agissait du roi, il y aurait plus probablement *ejus*, il s'agit donc sans doute des proches de celui qui s'interroge sur le roi.

2. Il s'agit ici de notions générales élevées à leur plus haut degré. Par ex., on sait naturellement que ce qui est bon au plus haut point existe au plus haut point : c'est ainsi qu'Olivi traite de la preuve anselmienne de l'existence de Dieu. *Cf.* Pierre de Jean Olivi, *Quaestiones in secundum librum sententiarum, op. cit.*, p. 526-528.

generales et indeterminatas natura nos inclinat; et ideo
talia vel occurrunt nobis ut vera aut sicut falsa. De
particularibus autem et contingentibus non sic oportet.

4. Ad quartum dicendum quod ratio obiectiva
credibilium non oportet quod semper ponat aliquid realiter
extra mentem credentis, sicut patet, cum quis credit non-ens
esse, aut cum quis falsa putat esse vera. Sufficit ergo quod
in specie memoriali praesentetur sub ratione entis vel non-
entis et sub ratione possibilis credi, non autem sub ratione
actualiter crediti. Illa igitur propositio est neganda, qua
dicitur quod credibilitas non sumitur ab habitu vel actu
ipsius credentis. Hoc enim est falsum, quando falsa credimus
esse vera, vel non-entia credimus esse entia. Nec mirum,
quia etiam scibile aliquando non dicit aliquid reale ex parte
rei scitae, sed solum ex parte scientis; alias Deus non
potuisset ab aeterno scire omnia scibilia.

générales et indéterminées ; et c'est pourquoi de telles choses se présentent à nous soit comme vraies, soit comme fausses. Mais il n'est pas nécessaire qu'il en aille ainsi des choses particulières et contingentes.

4. En réponse au quatrième argument, il faut dire qu'il n'est pas requis que la raison objective des crédibles pose toujours réellement quelque chose en dehors de l'esprit du croyant, comme cela est manifeste lorsque quelqu'un croit que ce qui n'est pas est, ou lorsque quelqu'un pense que le faux est vrai. Il suffit donc que le crédible considéré se présente dans une espèce mémorielle [1] sous la raison de l'étant ou du non-étant et sous la raison de ce qui est apte à être cru, mais non sous la raison du cru en acte. On doit donc nier la proposition selon laquelle la crédibilité n'est pas tirée d'un habitus ou d'un acte du croyant lui-même. En effet, ceci est faux, quand nous croyons vraies des choses fausses, ou quand nous croyons que des non-étants sont des étants. Et il n'y a rien d'étonnant à cela car même un connaissable ne dit parfois rien de réel du côté de la chose connue, mais seulement du côté du connaissant ; autrement Dieu n'aurait pas pu connaître tous les connaissables de toute éternité.

---

1. Sur les espèces mémorielles chez Olivi, *cf.* F.-X. Putallaz, *La connaissance de soi au XIIIᵉ siècle*, Paris, Vrin, 1991. Putallaz traduit Olivi p. 120 : « Toute *species memorialis* est produite par le biais d'une connaissance actuelle de l'objet, comme la figure gravée dans la cire a été produite par une impression en acte dans le sceau, ou du sceau dans la cire ; et cette empreinte était un mouvement ou un changement de la cire elle-même. » *Cf.* Pierre de Jean Olivi, *Quaestiones in secundum librum sententiarum, op. cit.*, vol. 3, 1926, p. 116. L'espèce mémorielle est ce qui reste d'actes passés de saisie d'un objet, qui permet ensuite de se rapporter à cet objet.

5. Ad quintum dicendum quod multiplex est modus expressionis intellectualis, sicut et multiplex est species suorum actuum et habituum. Unde sumendo intelligere pro intelligibiliter videre vel scire, noster intellectus non debet dici solum potentia intellectiva, sed etiam opinativa et creditiva ; ipsumque credere, pro quanto est actus iudicii et affirmatio, infra se quodammodo tenens obiectum creditum et intra se dicens illud esse verum, habet rationem lucis dictivae et expressivae.

6. Ad sextum dicendum quod certitudo fidei duo aut tria in se includit. Primum est realis et infallibilis veritas creditorum. – Secundum est firma et inconcussibilis adhaesio ad veritatem creditam, repellens a credente omnem dubietatem aut saltem eius aequiparantiam respectu sensus veritatis creditae et fixae adhaesionis ad ipsam. Duo autem ultima possunt dari a voluntate tamquam a causa motiva, quamvis actus illi immediate eliciantur ab intellectu. Non tamen possunt sibi quomodocumque dari, immo oportet obiectum prius sub modo debito sibi proponi et ipsammet voluntatem ad sic movendum intellectum divinitus affici et erigi ac vigorari. – Si tamen nomine certitudinis intelligatur quaecumque aestimatio, quam quis vere vel falso aestimat esse certam, sic de omni eo, [circa] quod per imperium voluntatis nostrae possumus fortem credulitatem habere, possumus eo ipso talem certitudinem concipere.

5. En réponse au cinquième argument, il faut dire qu'il y a de nombreux modes d'expression intellectuelle, de même aussi qu'il y a de nombreuses espèces de leurs actes et habitus. C'est pourquoi en prenant « intelliger » dans l'acception de voir ou savoir intelligiblement, on ne doit pas dire que notre intellect est seulement une puissance qui intellige, mais encore qu'il est une puissance qui opine et qui croit ; et le fait même de croire, pour autant qu'il est un acte de jugement et une affirmation, qui tient pour ainsi dire sous lui-même l'objet cru et qui dit en lui-même qu'il est vrai, a la raison de lumière qui dit et qui exprime.

6. En réponse au sixième argument il faut dire que la certitude de la foi comporte deux ou trois éléments. Le premier élément est la vérité réelle et infaillible des choses crues. - Le deuxième est l'adhésion ferme et inébranlable à la vérité crue, qui repousse loin du croyant toute hésitation ou du moins l'égalité de l'hésitation avec le sentiment de la vérité crue et l'adhésion fixe à cette vérité elle-même. Or les deux derniers éléments peuvent être donnés par la volonté comme cause motive, bien que ces actes soient immédiatement tirés de l'intellect. Cependant ils ne peuvent être donnés de n'importe quelle façon, bien au contraire, il faut que l'objet soit auparavant dûment proposé et que la volonté elle-même soit divinement affectée, dressée et fortifiée pour mouvoir ainsi l'intellect. – Si cependant, par le nom de certitude, on entend n'importe quelle estimation, que quelqu'un, qu'il soit dans le vrai ou le faux, estime être certaine, alors, vis-à-vis de tout ce [au sujet de] quoi nous pouvons avoir une forte croyance par l'entremise du commandement de notre volonté, nous pouvons par là même concevoir une telle certitude.

7. Ad septimum dicendum quod etiam in his, quae
voluntarie credimus, nihil inconveniens plures praeexigi
dispositiones ex parte intellectus, praeter illa quae exiguntur
ex parte voluntatis. Inter quas dispositiones est amotio
dispositionum contrariarum, quae possunt esse in intellectu
volentis credere, sed non valentis; licet forte impossibile
sit perfecte velle aliquid credere et illud non credere;
quamvis non sibi videatur illud credere propter contrarias
concussiones seu dubitationum motus, quos patitur; sicut
et aliquando aliquis mente castus videtur sibi secundum
sensualem appetitum non esse castus propter multas
tentationes carnis, quas patitur. Impeditur enim intellectus
non solum rationibus contrariis, sed etiam sensualibus
aestimationibus et habitualibus consuetudinibus, tam
imaginationis, quam sui ipsius ad contrarias credulitates.
Et econtra non solum rationibus inductivis disponitur ad
assentiendum voluntati, sed etiam internis sensibus et
instinctibus et habitualibus consuetudinibus, tam sui quam
phantasiae et sensus.

8. Ad octavum dicendum quod in tali apostata remanet
adhuc aliquid de prima consuetudine et habituatione

7. En réponse au septième argument, il faut dire que, même à propos de ces choses que nous croyons volontairement, il n'y a aucun inconvénient à requérir au préalable plusieurs dispositions du côté de l'intellect, outre celles qui sont exigées du côté de la volonté. Et parmi ces dispositions, il y a l'éloignement des dispositions contraires, qui peuvent être dans l'intellect de celui qui veut croire, mais qui n'en a pas la force, bien que, peut-être, il lui soit impossible de vouloir parfaitement croire quelque chose et de ne pas le croire. Il n'en reste pas moins que celui qui croit ainsi peut bien avoir l'impression de ne pas croire à cause d'agitations contraires ou de mouvements de doutes dont il pâtit. Et, de même, il semble parfois à un esprit chaste qu'il ne l'est pas [1] selon l'appétit sensuel, à cause des nombreuses tentations de la chair dont il souffre. En effet, l'intellect est entravé non seulement par des raisons contraires, mais encore par des estimations sensuelles et des usages issus de l'habitude, que ce soient les siens ou ceux de son imagination, qui le poussent vers des croyances contraires. Et, en sens contraire, il est disposé à assentir à la volonté non seulement par des raisons qui l'y conduisent, mais encore par des sentiments intérieurs, des instincts et des usages issus de l'habitude, que ce soient les siens ou ceux de son imagination et de sa sensibilité.

8. En réponse au huitième argument, il faut dire que, chez un tel apostat, il demeure encore quelque chose de son premier usage et de son habituation [2]

---

1. Dans l'édition que nous utilisons figure le terme *castus* au nominatif. Pour que la phrase ait un sens, nous le traitons comme un accusatif.

2. Il s'agit ici du processus qui conduit à l'acquisition d'un habitus. Par ex., écouter les sermons d'un curé aux paroles duquel on se fie provoque l'acquisition d'un habitus de croyance qui se révèle dans les actes de croyance ayant pour objet telle ou telle proposition de foi que l'on a appris à croire à l'occasion de ces sermons.

credendi, tam in intellectu, quam in eius affectuali sensu.
Prior etiam consuetudo fidei, in qua fuit genitus et nutritus,
generat sibi sensibilem horrorem contrarii status sic subito
assumpti. Et ideo voluntas eius nondum potest ita plene
movere intellectum, et praecipue quia etiam in eius voluntate
remanent adhuc aliquae reliquiae affectionum priorum,
nisi forte repente fuerit in summo subversus.

9. Ad nonum dicendum quod in Iudaeis illis fuit
multiplex excaecatio, tollens eis facultatem credendi in
Christum. – Prima fuit privatio essentiae ipsius fidei.
– Secunda, multa habituatio voluntatis et intellectus et
sensus ad sensibilia et ad multas praesuppositiones et
malitias, et tandem ad summam invidiam in Christum. Ex
quibus omnibus erant in eorum intellectu affectuales seu
affectionales sensus, omnino contrarii sensibus fidei sive
sensibus dispositivis et inductivis ad fidem. Secundum hoc
ergo per contrarium dicimus quod illud, quod directe nos
illuminat ad credendum, est ipsa fides; quae licet non sit
proprie lux scientialis, est nihilominus lux intellectualis :
Primo, quia est de genere habituum intellectualium.
– Secundo, quia tenendo infra se per assensum absolutum
et fixum veritatem divinorum et omnium credendorum
maximam [lucem respectu] Dei et omnium credendorum,
tenet coram acie intellectus seu coram oculis cordis; ex
quo intellectus potest multa de Deo scibiliter intelligere,
quae alias aut non posset, aut non ita clare nec ita fixe.

à croire, tant dans son intellect que dans le sentiment de son affect. L'usage antérieur de la foi, dans laquelle il est né et a été élevé, engendre même pour lui une horreur sensible de l'état contraire, assumé si soudainement. Et c'est pourquoi sa volonté ne peut encore, dans de telles conditions, mouvoir pleinement l'intellect, et, en particulier, parce qu'il demeure encore, même dans sa volonté, quelques restes de ses affections antérieures, si, peut-être, il n'a pas été tout à coup subverti au plus haut point.

9. En réponse au neuvième argument, il faut dire que, chez ces Juifs, il y eut de nombreux aveuglements, leur retirant la faculté de croire dans le Christ. – Le premier fut la privation de l'essence même de la foi. – Le deuxième, une forte accoutumance de la volonté, de l'intellect et du sens à des choses sensibles et à de nombreux préjugés malveillants, et finalement à la plus grande jalousie envers le Christ. Et, à cause de tout cela, il y avait dans leur intellect des sentiments de l'affect ou de l'affection tout à fait contraires aux sentiments de la foi ou aux sentiments qui disposent et conduisent à la foi. Donc, d'après ceci, nous disons en sens contraire que ce qui nous conduit directement à croire par illumination est la foi elle-même ; et, bien qu'elle ne soit pas à proprement parler la lumière de la science, elle n'en est pas moins une lumière intellectuelle : premièrement, parce qu'elle relève du genre des habitus intellectuels. – Deuxièmement, parce que, en tenant sous elle-même, par un assentiment absolu et fixe, la vérité des choses divines et de tout ce qu'il faut croire, elle tient la plus grande lumière, concernant Dieu et ce qu'il faut croire, devant le regard de l'intellect ou les yeux du cœur ; c'est pourquoi l'intellect peut intelliger sciemment de nombreuses choses au sujet de Dieu, qu'autrement il ne pourrait intelliger, ou du moins pas aussi clairement ni fixement.

– Tertio, quia fides habet internos sensus sui obiecti. Omnis enim affectualis applicatio et habituatio seu coaptatio intellectus ad obiectum est admixta affectualibus sensibus, et praecipue quando habituatio illa est fortis et fervens et multum intensa. – Quarto, quia sicut in mente nostra sunt plantata quaedam seminaria virtutum, sic et quaedam remota seminaria fidei. Tota enim naturalis inclinatio, quam mens habet ad Deum et ad cultum Dei et ad veritatem sciendam et amandam, et omnis illuminatio vel consuetudo, disponens intellectum et affectum ad veram fidem percipiendam, habent quodammodo rationem lucis.

B. 1. Ad primum igitur, quo probatur quod non sit debitum, patet, quia satis est ostensum illud esse possibile.

2. Ad secundum dicendum quod, licet naturalis ratio, in quantum est recta, inclinet ad nihil credendum, nisi rationabiliter seu convenienter, certum est tamen ex praedictis quod inclinat ad multa credenda absque argumentatione sumpta ex proprietatibus terminorum rei creditae. Inclinat enim ad credendum istum vel illum esse suum patrem, mediante tamen aliqua consuetudine aut testimonio aliquorum, quibus iudicat rationabiliter esse credendum. Dato etiam quod natura ut sibi absque virtute fidei relicta inclinaret ad credendum soli rationi, non propter hoc sequitur quod hoc esset sibi essentiale, quia non est sibi essentiale esse sine fide, quia tunc non esset susceptibilis fidei.

– Troisièmement, parce que la foi a des sentiments intérieurs attachés à son objet. En effet, toute application de l'affect et accoutumance ou attachement de l'intellect à son objet est mêlée de sentiments de l'affect, et particulièrement quand cette accoutumance est forte, fervente et très intense. – Quatrièmement, parce que, de même que dans notre esprit ont été plantés certains germes de vertus, de même aussi certains germes de foi éloignés. En effet, toute inclination naturelle que l'esprit a vers Dieu, vers le culte de Dieu et vers la connaissance et l'amour de la vérité, et toute illumination ou usage qui dispose l'intellect et l'affect à l'appréhension de la vraie foi, ont d'une certaine façon la raison de la lumière.

B. 1. Donc, en réponse au premier argument, par lequel on prouve que croire sans raison n'est pas un devoir, la réponse est patente, parce que l'on a montré suffisamment que cela est possible.

2. En réponse au second argument, il faut dire que, bien que la raison naturelle, dans la mesure où elle est droite, incline à ne croire quelque chose que de façon raisonnable ou convenable, il est cependant certain, à partir de ce que l'on a dit plus haut, qu'elle incline à croire de nombreuses choses sans argumentation tirée des propriétés des termes de la chose crue. Elle incline en effet quelqu'un à croire qu'untel ou untel est son père, par l'intermédiaire, cependant, d'une certaine habitude ou du témoignage de quelques-uns, dont elle juge raisonnablement qu'il faut y croire. De plus, à supposer même que la nature, laissée à elle-même sans la vertu de foi, incline à croire seulement par une raison, il ne s'ensuit pas pour autant que cela lui serait essentiel, parce qu'il ne lui est pas essentiel d'être sans foi, parce qu'alors elle ne serait pas réceptive à la foi.

Et ideo nihil inconveniens, si per fidem elevata ad aliquid inclinetur, ad quod per se non poterat inclinari.

3. Ad tertium dicendum quod, sicut ab initio tenemur habere originalem innocentiam, licet sit hoc factum nobis impossibile per originalem corruptionem totius naturae humanae, sic tenemur habere illas virtutes, sine quibus non possumus esse sine vitio nec esse debite ordinati in Deum. Post hoc autem tenemur saltem ad illud quod possumus. Per seminaria autem virtutum et per assistentiam alicuius hierarchicae et gratuitae providentiae Dei possumus usque ad aliquid nos in bono exercere et illuminationibus seu illuminativis nobis occurrentibus cooperari. Et pro quanto hoc omittimus vel contrarium committimus, pro tanto ultra culpam originalem novam culpam actualem acquirimus.

Si autem ex praeexsistente corruptione originali et ex defectu veridicae praedicationis et internae inspirationis aliquis necessario incidit in actualem consensum alicuius haeresis vel idololatriae vel cuiuscumque peccati mortalis : dicunt quidam quod, licet hoc peccatum pro tanto sit actuale, pro quanto est in actuali consensu liberi arbitrii, pro quanto tamen ex necessitate originalis ignorantiae seu originalis peccati necessario inducitur, est quodammodo inclusum in originali peccato; et pro tanto, ut dicunt, multum valde deficit a gravitate ceterorum actualium criminum. Quid autem sit de hoc, Deus novit, cuius in hac re iudicia sunt supra modum occulta et velut abyssus.

Et c'est pourquoi il n'y a aucun inconvénient à ce que, élevée par la foi, elle soit inclinée vers quelque chose, vers quoi elle ne pouvait par elle-même être inclinée.

3. En réponse au troisième argument, il faut dire que, de même que nous sommes, dès le début, tenus d'avoir l'innocence originelle, bien que cela nous soit rendu impossible par la corruption originelle de toute la nature humaine, de même nous sommes tenus d'avoir ces vertus sans lesquelles nous ne pouvons être sans vice ni être dûment ordonnés à Dieu. Mais, après la Chute, nous sommes du moins tenus de faire ce que nous pouvons. Or par le biais de germes de vertus et de l'assistance d'une certaine providence hiérarchique et gratuite de Dieu, nous pouvons jusqu'à un certain point nous exercer au bien et coopérer aux illuminations ou aux facteurs susceptibles de nous illuminer qui se présentent à nous. Et, pour autant que nous omettons ceci ou que nous commettons le contraire, nous acquérons une nouvelle faute actuelle, outre la faute originelle.

Mais si, à partir de la corruption originelle préexistante et du manque d'une prédication véridique et d'une inspiration interne, quelqu'un tombe dans le consentement à une certaine hérésie ou idolâtrie ou à n'importe quel péché mortel : certains disent que, bien que ce péché soit actuel pour autant que le libre arbitre y consent actuellement, cependant, pour autant que l'on y est conduit nécessairement à partir de la nécessité de l'ignorance originelle ou du péché originel, il est d'une certaine façon inclus dans le péché originel ; et dans cette mesure, comme ils disent, il est loin d'être aussi grave que toutes les autres fautes actuelles. Mais Dieu sait ce qu'il en est de ceci, dont les jugements en cette matière sont cachés au plus haut point, et sont comme un abîme.

4. Ad quartum dicendum quod secus est de credendo explicite istum hominem, scilicet Christum, et in tali vel tali loco in specie aliis consimili apparentem, et de absoluta ratione fidei in Deum. Aliter etiam tenemur credere in Christum post universalem promulgationem fidei suae, et aliter ante hanc promulgationem. Ad credendum igitur Deum esse et ipsum esse universalem gubernatorem et remuneratorem nostrum, omnes semper fuerunt obligati, secundum illud Apostoli, Hebr. 11. 6 : *Credere enim oportet accedentem ad Deum quia est, et quod inquirentibus se remunerator sit.* Ad credendum autem in Christum explicite et in principio sui adventus, et hoc prout visibiliter se offerebat in tali particulari humanitate, non tenebantur immo nec debebant Iudaei credere, nisi certis signis et testimoniis aut revelationibus hoc eis probaretur.

Sed ad hoc non exigebatur ratio ex propriis habitudinibus terminorum credendorum syllogizans, sed talis ex qua homo, per priorem legem et fidem illuminatus aut secundum rectum et sanum iudicium rationis omnia examinans et diiudicans, posset ad credendum seu ad hanc fidei explicationem suscipiendam disponi. Non enim exigebatur ratio, quae faceret scire hunc hominem esse Christum vel Deum, sed solum ratio propter quam appareret quod hoc erat omnino rationabile et iustum credere. Ostensa autem per Christum tali rationabilitate, non poterant ex tunc sine

4. En réponse au quatrième argument, il faut dire que la raison absolue de la foi en Dieu est autre chose que : croire explicitement à cet homme, à savoir le Christ, apparaissant dans tel ou tel lieu sous une apparence semblable à celle des autres hommes. Nous sommes même tenus de croire d'une certaine façon au Christ après la promulgation universelle de sa foi, et d'une autre façon avant cette promulgation. Tous les hommes furent donc toujours obligés de croire que Dieu existe et qu'il est notre gouverneur et rémunérateur universel, selon ce mot de l'Apôtre, en Hébreux 11, 6 : « Il faut en effet que celui qui s'approche de Dieu croie qu'il existe et qu'il est le rémunérateur de ceux qui le cherchent. » Mais croire dans le Christ explicitement et dès le premier moment de sa venue, et ceci selon qu'il s'offrait visiblement dans telle humanité particulière, les Juifs n'y étaient pas tenus, et, bien plus, ils ne devaient pas y croire, dans la mesure où cela ne leur avait pas été prouvé par des signes et des révélations ou des témoignages certains.

Mais pour cela n'était pas exigée une raison qui syllogise à partir des relations propres que les termes des choses à croire entretiennent les uns envers les autres, mais une raison telle qu'à partir d'elle un homme, illuminé selon la loi et la foi antérieures, ou examinant et distinguant tous les éléments de la question d'après un jugement sain et droit de la raison, pût être disposé à croire ou à admettre cette exposition de la foi. En effet, n'était pas exigée une raison qui ferait savoir que cet homme est le Christ ou Dieu, mais seulement une raison par laquelle il apparaîtrait qu'il était tout à fait raisonnable et juste de le croire. Mais, une fois qu'il fut montré par le Christ qu'une telle croyance était raisonnable, ils ne pouvaient pas ne pas croire,

novo peccato non credere, quia quamvis ipsa opera ex se
non sufficerent ad fidem seu ad illam explicationem ac
specificationem fidei generandam in eis, tamen supera-
bundanter sufficiebant ad inducendum eos, ut converterent
se ad Deum et ad timoratum et catholicum seu fidele
examen eorum, quae per Christum et in Christo propone-
bantur eis credenda. Quod si fecissent, indubitanter aut ex
dono fidei eis primitus dato, aut noviter dando, pertigissent
ad veram et explicitam fidem Christi.

5. Ad quintum patet ex dictis, quia credere ex fide non
est credere sine ratione, sumendo rationem pro rationabili,
quia fides est in se rationabilissima, et etiam eius actus et
eius obiectum. Pervenienti etiam de novo ad fidem, nisi
caecitas suae infectionis originalis vel actualis impediat,
multa rationabilia apparebunt ipsum inducentia et
disponentia ad fidem; quamvis forte sit impossibile in non
habente fidem omnino esse sanum iudicium naturalis
rationis, sicut est impossibile corpus infirmum infirmitate
mortifera et per naturam incurabili esse omnino dispositum
ad susceptionem sanitatis.

6. Ad sextum dicendum quod, quia Deus quodammodo
nos fecerat rectos in Adam et, nisi esset originalis corruptio
naturae humanae, dedisset et, quantum in se, dederat
scientiam naturalium praeceptorum seu iuris naturalis,

à partir de ce moment-là, sans commettre un nouveau péché, parce que, bien que ces œuvres n'aient pas suffi, par elles-mêmes, à engendrer en eux la foi, ou cette exposition ou description spécifique de la foi, cependant, elles suffisaient surabondamment à les conduire à se tourner vers Dieu et vers un examen craintif et catholique ou fidèle des choses qui, d'après le Christ et dans le Christ, leur étaient proposées comme devant être crues. Et, s'ils l'avaient fait, ils auraient sans aucun doute atteint à la foi vraie et explicite du Christ, à partir du don de la foi, qui soit leur avait été donné au commencement, soit devait l'être d'une façon nouvelle.

5. En réponse au cinquième argument, il est patent, à partir de ce qui a été dit, que croire du fait de la foi n'est pas croire sans raison, en entendant raison au sens de raisonnable, parce que la foi est en elle-même très raisonnable, ainsi que son acte et son objet. De plus, si la cécité de sa souillure originelle ou actuelle ne l'en empêche pas, de nombreuses choses raisonnables apparaîtront à celui qui parvient d'une façon nouvelle à la foi, le conduisant et le disposant à la foi ; bien qu'il soit peut-être impossible, chez quelqu'un qui n'a pas la foi, qu'il y ait un jugement tout à fait sain de la raison naturelle, tout comme il est impossible à un corps infirme d'une infirmité mortifère et incurable selon la nature d'être tout à fait disposé à recevoir la santé.

6. En réponse au sixième argument, il faut dire que, parce que Dieu nous avait d'une certaine façon faits droits en Adam, et que, s'il n'y avait pas eu la corruption originelle de la nature humaine, il nous aurait donné – et, autant que cela lui était possible, il nous l'avait donnée – la science des préceptes naturels, c'est-à-dire du droit naturel,

inter quae sunt principalissima illa, sine quibus non potest
Deus a mente teneri et coli : idcirco haec ignorantia huiusmodi praeceptorum non absolvit nos a tensione praedicta,
immo haec ignorantia includitur in ipsa culpa et reatu
originali. Post hoc autem non solum credere aut scire quod
hoc vel illud est nobis praeceptum, obligat nos ad praeceptum
implendum, sed etiam omne illud per quod datur nobis
sufficiens ratio hoc credendi vel talem fidem a Deo
suscipiendi.

7. Ad septimum dicendum quod quidam dixerunt quod
fides divinorum soli rationi innitens est virtus, per quam
cum caritate potest homo salvari absque alia fide principaliter
innitente Deo; et isti forte concederent media subiuncta
ad probationem minoris. Sed istud doctioribus et sanius
in hac parte loquentibus non placet. Cuius ratio potest trahi
ex supradictis. Talis enim non est adhuc debite subiectus
Deo, immo plus credit sibi quam Deo et plus suae rationi
innititur quam voluntati vel auctoritati divinae. – Rursus
quaero, si talis est sufficienter promptus ad credendum
dogmata fidei aut quaecumque alia, quae sibi absque
probatione rationis dicerentur a Deo. Si enim non est
promptus : constat quod hoc est magnum vitium, quia non
est plene promptus oboedire Deo, nec adhaeret veritati
fidei immobiliter, nec absolute nec immediate, sed solum
per intermediam rationem; et ideo non adhaeret modo
condigno nec modo honorifico veritati divinae.

parmi lesquels sont les plus fondamentaux, sans lesquels on ne peut garder Dieu à l'esprit et l'adorer, pour cela, l'ignorance de ce type de préceptes ne nous absout pas de l'effort susdit, bien au contraire cette ignorance est incluse dans la faute et le péché originel lui-même. Mais, après la chute, non seulement croire ou savoir que ceci ou cela nous est prescrit nous oblige à le faire, mais nous y sommes encore obligés par tout ce qui nous donne une raison suffisante de le croire ou de recevoir une telle foi de Dieu.

7. En réponse au septième argument, il faut dire que certains ont dit que la foi dans les choses divines qui s'appuie sur la seule raison est une vertu, d'après laquelle, avec la charité, un homme peut être sauvé, sans autre foi qui s'appuie principalement sur Dieu ; et ces hommes concéderaient peut-être les moyens ajoutés pour prouver la mineure. Mais ceci ne plaît pas aux plus savants et à ceux qui parlent plus sainement dans ce domaine. On peut tirer la raison de leur déplaisir des choses affirmées plus haut. En effet, un tel homme n'est pas encore dûment assujetti à Dieu, bien au contraire il se croit lui-même plus que Dieu et s'appuie davantage sur sa raison que sur la volonté ou l'autorité divine. – Derechef, je demande si un tel homme est suffisamment prêt à croire les dogmes de la foi ou quoi que ce soit d'autre qui lui serait dit par Dieu sans la preuve d'une raison. En effet, s'il n'y est pas prêt, alors il est manifeste que ceci est un grand vice, parce qu'il n'est pas pleinement prêt à obéir à Dieu, et n'adhère pas de façon immuable, absolue ni immédiate à la vérité de la foi, mais seulement par une raison intermédiaire ; et c'est pourquoi il n'adhère pas d'une façon tout à fait digne ni honorable à la vérité divine.

Praeterea, talis aut innititur soli rationi infallibiliter demonstranti et scire facienti, aut soli rationi probabili, non tamen infallibili. Si primo modo, tunc tria ad minus inconvenientia sequentur : Primo scilicet, quod secundum hoc non credit omnia dogmata nostrae fidei, quia impossibile est nobis omnia hoc modo probare, saltem historias particularium gestorum et prophetias contingentium futurorum. – Secundo, quia talis adhuc non credet aliquid divinorum omnino indubitabiliter, quia in his quae nullo modo sub experientia nostra cadunt, demonstrationes non faciunt nos omnino indubitabiliter scire ; immo possumus dubitare, et saepius dubitamus, an processus rationis in aliqua sui parte sit falsus aut incertus. – Tertio, quia tale credere non videtur plus habere de virtute quam simplex scire cuiuscumque scibilis. Si enim dicas quod immo, quia est acceptatum a voluntate et pro tanto causatum quanto voluntarie talis applicavit se ad huiusmodi investiganda et tandem scienda : adhuc non videtur quod ibi sit amplius virtutis quam est in amore veritatis scientialis, nisi pro quanto haec veritas scita est altior et salubrior. Si autem innititur soli rationi probabili, tunc temerarie et fallibiliter procedit, et si ex hoc quasi certitudinaliter creditis inhaeret constat quod errat, quia aestimat se certum, cum non sit certus.

En outre, un tel homme s'appuie soit seulement sur une raison qui démontre et fait savoir de façon infaillible, soit seulement sur une raison probable, qui n'est cependant pas infaillible. Si c'est de la première façon, alors, au moins trois inconvénients s'ensuivent : à savoir, premièrement, que, d'après ceci, il ne croit pas tous les dogmes de notre foi, parce qu'il nous est impossible de les prouver tous de cette façon, du moins pour ce qui est des récits d'actions particulières et des prophéties relatives aux futurs contingents. – Deuxièmement, parce qu'un tel homme ne croira pas encore de manière tout à fait indubitable une certaine partie des choses divines, parce que, concernant celles qui ne tombent en aucune manière sous notre expérience, les démonstrations ne nous font pas savoir de manière tout à fait indubitable ; bien au contraire, nous pouvons douter, et nous doutons bien souvent, nous demandant si le raisonnement effectué par la raison est faux ou incertain à l'une de ses étapes. – Troisièmement, parce que croire d'une telle façon ne semble pas plus vertueux que connaître simplement n'importe quel connaissable. En effet, si tu dis que c'est le contraire, parce que la volonté a accepté de croire ou savoir ainsi et que c'est dans la mesure où un tel homme s'est appliqué volontairement à rechercher de cette façon et finalement à savoir que ce savoir ou cette croyance a été causé, il ne semble pas encore qu'il y ait là davantage de vertu qu'il n'y en a dans l'amour de la vérité scientifique, sinon dans la mesure où cette vérité sue est plus haute et plus salutaire. Mais s'il s'appuie seulement sur une raison probable, alors il procède de façon téméraire et faillible, et si, à partir de ceci, il adhère à ce qu'il croit comme s'il avait une certitude, il est un fait qu'il se trompe, parce qu'il s'estime certain, alors qu'il n'est pas certain.

Praeterea, in positione praedicta expressa contradictio implicatur in eo quod ait quod cum sola tali credulitate possit caritatem habere, cum Apostolus dicat quod *caritas omnia credit*. Certum enim est quod qui habet caritatem, est sufficienter promptus ad credendum in Deum, etiam si ratio demonstrativa deesset; et eo ipso quod data est sibi caritas, est divinitus applicatus ad principalius credendum Deo quam suae rationi.

Quidam vero quasi omnino per contrarium dicunt quod non solum fides, quae est virtus, differt a scientia, sed etiam quod non compatiuntur se in eodem respectu eiusdem obiecti; motique sunt ad hoc duplici ratione : Prima est, quia de essentia fidei, secundum Apostolum, est quod sit obiecti non apparentis. Unde et secundum Apostolum per visionem gloriae evacuatur; scire autem est idem quod intelligibiliter videre. – Secunda est, quia fides elevat ad arduum et difficile et supernaturale; quod autem scitur, est infra facultatem intellectus et rationis naturalis. Et ideo, ut dicunt, Gregorius dicit quod « fides non habet meritum, cui humana ratio praebet experimentum ».

Sed his expresse contradicit Augustinus, I *Soliloquii* dicens : « Cum animae Deum videre, hoc est intelligere, contigerit, quare fides sit ei necessaria, cum iam videatur, aut spes, cum iam teneatur? » Ad quod respondens subdit :

En outre, une contradiction expresse est impliquée dans la position susdite, en ce qu'elle soutient qu'avec seulement une telle croyance, un homme peut avoir la charité, alors que l'Apôtre dit que « la charité croit tout » [1]. En effet, il est certain que celui qui a la charité est suffisamment prêt à croire en vue de Dieu, même s'il lui manque une raison démonstrative ; et, du fait même que la charité lui a été donnée, il s'est divinement appliqué à croire Dieu plus fondamentalement que sa raison.

Mais certains, pour ainsi dire par une voie tout à fait contraire, disent que non seulement la foi, qui est une vertu, diffère de la science, mais encore qu'elles ne sont pas compatibles vis-à-vis du même objet sous le même rapport ; et ils y sont poussés par deux raisons : la première est qu'il appartient à l'essence de la foi, selon l'Apôtre, de porter sur un objet qui n'apparaît pas [2]. C'est pourquoi, selon l'Apôtre également, elle est évacuée par la vision de gloire [3] ; or savoir est la même chose que voir de façon intelligible. – La deuxième est que la foi élève à l'ardu, au difficile et au surnaturel ; or ce qui est su est du domaine de la faculté de l'intellect et de la raison naturelle. Et c'est pourquoi, comme ils disent, Grégoire dit que « la foi n'a pas de mérite, à laquelle la raison humaine fournit la preuve par l'expérience » [4].

Mais Augustin contredit expressément ces positions, en disant, au livre I du *Soliloque* : « S'il arrivait à l'âme de voir Dieu, c'est-à-dire de l'intelliger, pourquoi la foi lui serait-elle nécessaire, alors que Dieu est déjà vu, ou l'espérance, alors qu'il est déjà atteint ? » Et il ajoute, en répondant

1. *Cf.* I Cor. 13, 4 et 7.
2. *Cf.* Hébr. 11, 1.
3. *Cf.* I Cor. 13, 8-13.
4. *Cf.* Grégoire le Grand, *XL Homiliae in Evangelium*, II, hom. 26 (*Patrologia Latina*, dorénavant *PL*, 76, 1197C).

« Sed dum in hoc corpore est anima, etiamsi plenissime videat, hoc est intelligat Deum, tamen, quia corporis sensus opere utuntur proprio, etsi nihil valeant ad fallendum, non tamen nihil ad non ambigendum, potest adhuc dici fides ea qua his resistitur, et illud potius verum esse creditur ».

Praeterea, scientia huius vitae non est ita altae neque ita virtuosae adhaesionis ad Deum sicut est adhaesio fidei, nisi forte pro quanto esset fundata super fidem. Ergo si scientia huius vitae evacuat fidem respectu sui obiecti, tunc potius nocet menti fideli quam prosit. Nec est in hoc simile de visione gloriae, quia in ista includitur longe altior et virtuosior et subiectior ac oboedientior adhaesio voluntatis et intellectus ad Deum quam sit in fide.

Praeterea, essentialissimum et radicalissimum quod est in fide, est adhaesio ad unum Deum summum et ad eius esse; et tamen hoc per demonstrationes possumus scire. Ergo secundum hoc fide remanente illud, quod est sibi essentialissimum et radicalissimum, potest tolli. – Si dicas quod illud, per quod tali obiecto adhaerebat, remanet, sed non ipsa adhaesio : hoc nihil est, quia habitualis adhaesio ad obiectum, et praecipue ad principale obiectum, est de essentia habitus, immo ipse habitus.

Prima autem ratio istorum fallit, quia non quaecumque apparentia obiecti tollit illam non-apparentiam, quae est de essentia fidei, sed solum illa quae sic absorbet assensum

à cette question : « Mais tant que l'âme est dans ce corps, même si elle voit Dieu de la façon la plus pleine, c'est-à-dire si elle l'intellige, cependant, parce que les sens du corps accomplissent leur œuvre propre, et que, quoiqu'ils ne soient nullement en état de tromper, cependant ils ne le sont pas de faire hésiter, on peut encore dire que la foi est ce par quoi on leur résiste, et par quoi on croit que cela, à savoir la vérité divine est plutôt vrai. »[1]

En outre, la science de cette vie ne relève pas d'une adhésion aussi haute ni aussi vertueuse à Dieu que l'adhésion de foi, sinon peut-être pour autant qu'elle serait fondée sur la foi. Donc, si la science de cette vie évacue la foi qui concerne son objet, alors elle sera plutôt nuisible qu'utile à un esprit fidèle. Et elle n'est pas semblable en cela à la vision de gloire, parce que, dans cette dernière, est incluse une adhésion à Dieu de la volonté et de l'intellect bien plus haute, vertueuse, assujettie et obéissante que dans la foi.

En outre, ce qu'il y a de plus essentiel et de plus radical dans la foi est l'adhésion à un seul Dieu suprême et à son existence ; et cependant nous pouvons savoir cela par des démonstrations. Donc, d'après cela, tandis que la foi demeure, ce qui lui est le plus essentiel et le plus radical peut être retiré. – Si tu dis que ce par quoi elle adhérait à un tel objet demeure, mais pas l'adhésion elle-même, cela ne veut rien dire, parce que l'adhésion habituelle à un objet, et en particulier à un objet principal, relève de l'essence de l'habitus, bien plus : c'est l'habitus même.

Or leur première raison est erronée, parce que ce n'est pas n'importe quelle apparence d'un objet, qui retire l'absence d'apparence qui relève essentiellement de la foi, mais seulement celle qui emporte l'assentiment de

1. Cf. Augustin, Soliloquium, l. I, c. 7 (PL 32, 876).

intellectus et voluntatis, quod nullo modo potest dubitare
de ipso, nec inclinari ad credendum oppositum, illa apparentia stante; et quae iterum talis est, quae plus subicit
intellectum maiestati et auctoritati divinae veritatis, et plus
facit eam revereri, quam faceret fides. Scientia autem,
quam hic de Deo habemus, non est huiusmodi. Fateor
autem quod scientia, quam habuit Isaac de se ipso, tollebat
sibi, ne Isaac esset male obiectum fidei suam quoad aliqua,
in quo nunc est obiectum fidei meae; quia ego per fidem
credo Scripturae illum tunc temporis fuisse, ipse [autem
non per] fidem credebat, sed sciebat et videbat se tunc
esse, ita quod de hoc non poterat dubitare. Ad huius autem
confirmationem facit sententia Apostoli, dicentis quod
scientia, quam hic habemus de Deo, *destruetur* per visionem
Dei, quia, ut dicit, hic *videmus* Deum *per speculum in
aenigmate* seu obscure, *tunc autem facie ad faciem.*

   Secunda etiam ratio fallit: Primo, quia fides dicitur
elevare ad supernaturalia, ratio vero ad naturalia,
potius respectu suorum actuum et modorum agendi
quam respectu obiecti; alias Deus scitus esset inferior
Deo credito, quod est abominabile. Credere ergo in
Deum divina motione et divino famulatu et subiectione
est supra vires nostrae naturae sine fide sumptae,
quantumcumque per rationem certam sciat Deum esse.

l'intellect et de la volonté, de telle sorte que l'intellect ne puisse nullement en douter, ni être incliné à croire l'opposé, tant que demeure cette apparence ; et qui, derechef, est telle qu'elle soumet davantage l'intellect à la majesté et à l'autorité de la vérité divine, et la lui fait plus révérer que ne le ferait la foi. Or la science que nous avons ici-bas au sujet de Dieu n'est pas de ce type. Mais j'accorde que la science qu'Isaac avait de lui-même lui retirait la foi à son propre sujet, de telle sorte qu'Isaac n'était pas à tort l'objet de sa propre foi quant aux éléments au sujet desquels, maintenant, il est l'objet de ma foi ; parce que moi, par la foi, je crois l'Ecriture, selon laquelle il a existé en ce temps-là, [tandis que] lui-même [ne] croyait [pas par la] foi, mais savait et voyait que lui-même existait à ce moment-là, en sorte qu'il ne pouvait en douter. On en a confirmation avec la sentence de l'Apôtre, qui dit que « la science », que nous avons ici-bas au sujet de Dieu, « est détruite » [1] par la vision de Dieu, parce que, comme il dit, ici-bas « nous voyons » Dieu « par le biais d'un miroir en énigme » c'est-à-dire obscurément, « mais alors, nous le verrons face à face. » [2]

La deuxième raison aussi est erronée : premièrement parce qu'on dit de la foi qu'elle élève vers les choses surnaturelles, tandis que la raison élève vers les choses naturelles, plutôt du point de vue de leurs actes et de leurs manières d'agir que de leur objet ; sans quoi Dieu en tant que su serait inférieur à Dieu en tant que cru, ce qui est abominable. Donc croire en Dieu par un mouvement divin et une servitude et une sujétion divines est au-dessus des forces de notre nature considérée sans foi, si certaine que soit la raison d'après laquelle elle sait que Dieu existe.

1. *Cf.* I Cor. 13, 8.
2. *Cf.* I Cor. 13, 12.

Secundo fallit, quia sicut oculus noster aliqua potest videre
per fortem applicationem et moderatam appropinquationem
et coaptationem sui ad illa, quae alias non potest, sic
naturalis ratio nostra ad aliqua scienda et intelligenda potest
pertingere per appropinquationem ac sublevationem et
fortem infixionem sibi datam ad illa per fidem, quae alias
aut nullo modo intelligere posset, aut non ita plene. Et hoc
modo Augustinus saepe exponit et pertractat verbum illud :
« Nisi credidistis, non intelligetis ». Hoc etiam modo I
Soliloquiorum dicit quod fides cum caritate sanat et disponit
oculum ad intelligenda divina. Unde et I *De Trinitate*,
cap. 2, dicit quod « mentis humanae acies invalida in tam
excellenti luce non figitur, nisi per iustitiam fidei nutrita
vegetetur ». Loquitur autem ibi de fixione mentali, qua
« summum bonum a purgatissimis mentibus cernitur »,
sicut ibi patet.

Ad verbum autem Gregorii dicendum quod ipse
loquitur de humana ratione habente experimentum indubi-
tabile, quale est experimentum visibile, quale fuit in visu
Thomae videntis stigmata in corpore Christi. Non enim
fuit sibi tunc meriti credere quod illa essent in corpore
quod videbat, licet fuerit meriti credere quod ille esset

Deuxièmement, elle est erronée, parce que, de même que notre œil peut voir certaines choses par une forte application, un rapprochement modéré et une bonne adaptation à elles – conditions sans lesquelles il ne peut les voir –, de même, notre raison naturelle peut atteindre à la connaissance et à l'intellection de certaines choses en s'en rapprochant, en s'élevant vers elles et en s'y fixant fortement grâce à la foi, efforts sans lesquels elle ne pourrait intelliger ces choses en aucune façon, ou pas aussi pleinement. Et, de cette manière, Augustin expose et développe souvent ce propos : « Si vous n'avez pas cru, vous ne comprendrez pas. »[1] De plus, il dit de la même façon, au livre I du *Soliloque*[2], que la foi, avec la charité, assainit et dispose l'œil à intelliger les choses divines. C'est pourquoi il dit aussi, au chapitre 2 du livre I du traité *Sur la trinité*[3], que « le regard infirme de l'esprit humain ne se fixe sur une lumière si excellente que si, nourri par la justice de la foi, il est vivifié ». Or il parle là de fixation mentale, par laquelle « le bien suprême est discerné par les esprits les plus purifiés », comme il est patent dans ce passage.

Or en réponse aux propos de Grégoire, il faut dire que ce dernier parle d'une raison humaine qui a une expérience indubitable, telle qu'une expérience visible, comme il y en eut dans la vision de Thomas, qui vit les stigmates sur le corps du Christ. En effet, il n'y avait alors pour lui pas de mérite à croire qu'ils étaient sur le corps qu'il voyait, bien qu'il y ait eu pour lui du mérite à croire que le Christ était

---

1. *Cf.* Isaïe 7, 9 ; Augustin, *Epistola 120, ad Consentium*, c. 1, n. 3, (*PL* 33, 453) ; *Enarratio in Psalmum 118, sermo* 18, n. 3 (*PL* 37, 1552) ; *De praedestinatione sanctorum*, c. 2, n. 5 (*PL* 44, 962s) ; *Sermo 43*, c. 1, n. 1 (*PL* 38, 254).

2. *Cf.* Augustin, *Soliloquium*, l. I, c. 6, n. 12 (*PL* 32, 875s).

3. *Cf.* Augustin, *De trinitate*, l. I, c. 2 (*PL* 42, 822).

Deus. Potest etiam dici quod loquitur de illo, qui sic innititur experimento rationis, quod alias non crederet. Et hoc modo verbum eius est contra primam opinionem.

Ad probationes igitur minoris supradicti argumenti dicendum quod, licet sequi rectam rationem sit bonum, non tamen est bonum sequi eam principalius quam veritatem et auctoritatem divinam. Hoc autem fit, quando eam solam sequitur homo et quando non subicit eam fidei et per fidem Deo. Christus etiam non intellexit quod propter ipsa opera, in quantum poterant esse media alicuius rationis humanae, principaliter crederetur in ipsum, sed solum tamquam propter subinductiva et subostendensiva veritatem et principalitatem personae Christi et suae deitatis, cui erat principaliter innitendum, vel propter opera in quantum lucebat in eis ipsa veritas et maiestas divinitatis Christi; quod est dicere : "Divinae veritati in meis operibus evidenter, quantum est ex se, apparenti, credite, et propter illam credite quod ipsa est personaliter in mea carne".

C. 1. Ad primum autem, quo probatur quod non est virtuosum, dicendum quod illud est verum de eo qui credit sine ratione, id est sine regula aliqua rationis et sine omni rationabilitate. Sed hoc non est in credente per fidem Christi, quia ipsa fides est quaedam regula rationis, et tam ipsa quam eius obiectum sunt rationabilissima, et causa unde oritur et cui innititur, est summa ratio.

Dieu. On peut aussi dire qu'il parle de celui qui s'appuie sur l'expérience de la raison de telle sorte que, sans cela, il ne croirait pas. Et, lus de cette manière, ses propos s'opposent à la première opinion.

En réponse aux preuves de la mineure de l'argument susdit, il faut donc dire que, bien que suivre la droite raison soit un bien, cependant, il n'est pas bon de la suivre comme un principe plus élevé que la vérité et l'autorité divines. Or cela arrive quand l'homme ne suit qu'elle et ne la soumet pas à la foi et, par la foi, à Dieu. De plus, le Christ n'entendait pas que l'on crût en lui principalement à cause de ses œuvres elles-mêmes, en tant qu'elles pouvaient être les moyens de quelque raison humaine, mais seulement à cause d'elles en tant qu'elles font entrevoir et introduisent subrepticement à la vérité et au statut principiel de la personne du Christ et de sa divinité, sur laquelle il fallait principalement s'appuyer, ou à cause de ses œuvres en tant que luisait en elles la vérité même et la majesté de la divinité du Christ ; ce qui revient à dire : « Croyez à la vérité divine qui apparaît évidemment telle qu'en elle-même dans mes œuvres, et, à cause d'elle, croyez qu'elle est personnellement dans ma chair. »

C. 1. Or, en réponse au premier argument, par lequel on prouve que croire sans raison n'est pas vertueux, il faut dire que cela est vrai de celui qui croit sans raison, c'est-à-dire sans une certaine règle de la raison et de façon tout à fait déraisonnable. Mais ce n'est pas le cas chez celui qui croit par la foi du Christ, parce que la foi même est une certaine règle de la raison, et tant elle-même que son objet sont très raisonnables, et la cause d'où elle provient et sur laquelle elle s'appuie est la raison suprême.

2. Ad secundum dicendum quod parvipendere lumen rationis simpliciter et tamquam malum, est vitiosum, sed parvipendere ipsum solum respectu melioris boni, subiciendo ipsum maiori bono, non est malum.

3. Ad tertium dicendum quod [dispositus] credere auctoritati divinae sibi sufficienter illucescenti, tam ex parte obiecti quam ex parte intermedii speculi seu testimonii, quam ex parte habitus fidei, non exponit se periculis erroris, quamvis non videat veritatem creditorum per rationem ex habitudinibus terminorum sumptam. Non enim est periculum ex parte obiecti, cum illud sit de se verissimum; nec ex parte primi motoris, qui fidem infundit et ad fidem suscipiendam inclinat et disponit; nec ex parte ipsius fidei, quae infallibiliter dirigit ad Deum; nec ex parte fide dignorum testium et testimoniorum divinae veritatis et auctoritatis refulgentiam in se habentium, ac per consequens fide dignissimorum.

4. Ad quartum dicendum quod, licet talis per viam rationis scientialis nesciat ad quid tendit, nihilominus non movetur quasi a fortuna vel casu, quia movetur a Deo et a regula fidei et ad obiectum, ad quod tota natura et ordo naturae ordinat et inclinat, licet in generali et imperfecte, nisi per fidem iuvetur.

5. Ad quintum dicendum quod certitudinaliter adhaerere his, quae tam ex parte obiecti quam ex parte habitus, quam ex parte sui primi motoris sunt omnino incerta, aut ea quae sunt sibi scientialiter incerta habere pro scientialiter sibi certis, est erroneum. Sed veritati secundum se certe adhaerere

2. En réponse au deuxième argument, il faut dire que mépriser la lumière de la raison absolument, et comme si elle était un mal, est vicieux, mais la mépriser seulement par rapport à un meilleur bien, en la soumettant à un bien plus grand, n'est pas un mal.

3. En réponse au troisième argument, il faut dire que [celui qui est disposé] à croire à l'autorité divine qui l'éclaire suffisamment, tant du côté de l'objet, que du côté du miroir intermédiaire, c'est-à-dire du témoignage, que du côté de l'habitus de foi, ne s'expose pas aux dangers de l'erreur, bien qu'il ne voie pas la vérité de ce qu'il croit d'après une raison tirée des relations des termes les uns envers les autres. En effet, il n'y a pas de danger du côté de l'objet, puisqu'il est en soi très vrai ; ni du côté du premier moteur, qui infuse la foi et incline et dispose à recevoir la foi ; ni du côté de la foi elle-même, qui dirige infailliblement vers Dieu ; ni du côté des témoins et témoignages dignes de foi de la vérité et de l'autorité divines qui ont de l'éclat en eux-mêmes, et sont par conséquent très dignes de foi.

4. En réponse au quatrième argument, il faut dire que, bien que tel homme ne sache pas vers quoi il tend par le moyen d'une raison scientifique, néanmoins il n'est pas mû comme par la fortune ou le hasard, parce qu'il est mû par Dieu, par la règle de la foi et vers un objet auquel toute la nature et l'ordre de la nature ordonnent et inclinent, bien que de manière générale et imparfaite, si l'on n'est pas aidé par la foi.

5. En réponse au cinquième argument, il faut dire qu'adhérer avec certitude à ces choses qui sont tout à fait incertaines tant du côté de l'objet que du côté de l'habitus et du côté de leur premier moteur ou tenir pour scientifiquement certaines pour soi-même les choses qui sont scientifiquement incertaines pour soi-même est erroné. Mais adhérer fermement et avec le sentiment de la certitude

firmiter et cum sensu certitudinalis veritatis rei creditae, non est erroneum, immo sanissimum.

6. Ad sextum dicendum quod qui credit sine omni ratione, id est sine omni regula rationis et omnino irrationabiliter, levis est corde. Hoc autem non est in proposito. Sciendum autem quod in illis, in quibus homo non committitur sibi nec iudicio suo ab alio non adiuto, sed potius habet a suo superiori dirigi et moveri, non est levitatis celeriter et sine ratione probante credere suo superiori, ex quo sibi per aliquam viam sufficienter praesentatur voluntas et sententia sui superioris. Ubi vero aliquid suo iudicio examinandum committitur, ibi est levitas procedere ad sententiam firmam sine diligenti et debita examinatione praevia; quamvis huiusmodi examinatio sit potius fienda per rationem regulatam fide et caritate et spiritu Dei quam per rationem animalem, quia secundum Apostolum solus spiritualis omnia iudicanda recte examinat ac discernit seu diiudicat. Huiusmodi etiam examinatio non semper aut necessario exigit rationes syllogisticas sumptas ex propriis habitudinibus rei diiudicandae, immo ex quibuscumque testimoniis fide dignis et rationabiliter credendis.

7. Ad septimum dicendum quod minor est falsa. Fides enim habet testes fide dignissimos : *Spiritus* enim *est qui testificatur quoniam Christus est veritas* ; et *tres sunt qui testimonium dant in caelo*, sicut dicit Ioannes. Et secundum

de la vérité de la chose crue à une vérité certaine en soi n'est pas erroné, mais au contraire très sain.

6. En réponse au sixième argument, il faut dire que qui croit sans aucune raison, c'est-à-dire sans aucune règle de la raison et de façon tout à fait déraisonnable, a le cœur léger. Mais ce n'est pas de cela qu'on parle. Il faut en revanche savoir que, dans les matières où un homme n'engage ni lui-même ni son jugement sans le soutien d'un autre, mais où il doit plutôt être dirigé et mû par son supérieur, ce n'est pas de la légèreté que de croire son supérieur promptement et sans raison qui prouve la véracité de ce que ce dernier affirme, du fait que la volonté et l'avis de son supérieur lui sont présentés de façon suffisante par quelque moyen. Mais là où il s'agit de quelque chose qui doit être examiné par son jugement, c'est une légèreté que d'aboutir à un avis ferme sans un examen préalable, diligent et conforme au devoir ; bien qu'un examen de ce type doive plutôt être fait par une raison régulée par la foi, la charité et l'esprit de Dieu que par une raison animale, parce que, selon l'Apôtre, seul l'homme spirituel examine et discerne ou analyse droitement tout ce qu'il faut juger. De plus, un examen de ce type n'exige pas toujours ou nécessairement des raisons syllogistiques tirées des relations propres de la chose sur laquelle il s'agit de porter un jugement, bien au contraire on peut la tirer de n'importe quels témoignages dignes de foi et qu'il faut raisonnablement croire.

7. En réponse au septième argument, il faut dire que la mineure est fausse. En effet, la foi a des témoins très dignes de foi : en effet « C'est l'Esprit qui témoigne puisque le Christ est vérité » ; et « il y en a trois qui rendent témoignage dans le ciel », comme dit Jean [1]. Et selon

1. *Cf.* I Jean 5, 6-7.

Apostolum, Hebr. 2, 3-4 : *Cum initium accepisset enarrari per Dominum, per eos qui audierunt, confirmata est in nos, contestante Deo signis et prodigiis, et variis virtutibus, et Spiritus Sancti distributionibus.* Unde sicut rectus intellectus in processu rectae et necessariae argumentationis intuetur veritatem conclusionis, sic in admirabili efficacia divini spiritus nobis apparenti tam in spiritualissima vita testium quam in admirabili sententia et concordia suorum dogmatum, quam in prodigiis miraculorum, quam in spiritualibus illustrationibus et concussionibus ac inflammationibus et laetificationibus aut timorationibus audientium et tandem secum ruminantium veritatem catholicam, relucet admirabilis et fide dignissima claritas et vivacitas et auctoritas veritatis aeternae. Hanc autem non omnes fideles possunt intelligibiliter contemplari, sed tamen secundum mensuram suae fidei et caritatis quasi palpant et sentiunt illam. – Rursus, fides nostra fundata est in legibus aeternis, ex quibus manat omne ius naturale, et ideo iudicare secundum eam est iudicare secundum legem aeternam.

8. Ad octavum dicendum quod, quando alicui datur fides a Deo sine omni praedicatione aut testificatione exteriori, tunc simul cum habitu fidei revelantur sibi a Deo obiecta fidei, saltem principalia. Quando autem testimonio exteriorum aut syllogistica ratione homo praedisponitur et inducitur ad credendum, non propter hoc sequitur quod data iam fide innitatur principaliter rationi aut

l'Apôtre, en Hébreux 2, 3-4 : « Comme le salut avait commencé d'être annoncé par le Seigneur, il fut confirmé pour nous par ceux qui l'ont entendu, Dieu appuyant leurs témoignages par des signes, des prodiges, diverses vertus et des dons de l'Esprit Saint ». C'est pourquoi, de même qu'un intellect droit découvre, dans la bonne marche d'une argumentation droite et nécessaire, la vérité d'une conclusion, de même, la clarté, la vivacité et l'autorité admirables et très dignes de foi de la vérité éternelle reluisent dans l'admirable efficace de l'esprit divin, qui nous apparaît tant dans la vie très spirituelle des témoins que dans la sentence et la concorde admirables de leurs dogmes, que dans les prodiges des miracles, que dans les spirituelles illuminations, agitations, ardeurs et réjouissances ou craintes de ceux qui entendent la vérité catholique et finalement de ceux qui la ruminent en eux-mêmes. Or tous les fidèles ne peuvent contempler cette vérité de façon intelligible, mais cependant ils la palpent et la sentent pour ainsi dire, selon la mesure de leur foi et de leur charité. – Derechef, notre foi est fondée sur les lois éternelles, dont découle tout le droit naturel, et c'est pourquoi juger d'après elle, c'est juger d'après la loi éternelle.

8. En réponse au huitième argument, il faut dire que, quand Dieu donne à quelqu'un la foi, sans aucune prédication ou attestation extérieure, alors, en même temps que l'habitus de foi, lui sont révélés par Dieu les objets de foi, du moins les principaux. Or quand, par le témoignage d'hommes extérieurs ou par une raison syllogistique, un homme est prédisposé et conduit à croire, il ne s'ensuit pas pour autant qu'il s'appuie principalement sur une raison ou le témoignage

testimonio exteriorum, in quantum est humanum, sed potius innititur homo ipsi veritati in illis testimoniis relucenti et per illa propositae ipsi menti. Hoc autem est inniti testimonio, non in quantum est hominum, sed in quantum Dei et in quantum menti se exhibet ut divinum.

9. Ad nonum dicendum quod quidam sunt habitus et actus, qui in sua essentia includunt meram subiectionem et subiectam adhaesionem ad Deum, ita quod sunt idem quod habitualis vel actualis innisus, quo mens principaliter innititur soli Deo; et huiusmodi est fides, non solum quantum ad consensum voluntatis, sed etiam quantum ad assensum intellectus. Quidam vero includunt in se recessum a Deo et principalem innisum mentis ad aliquid creatum; et talis est illa adhaesio, qua quis in credendo divina princi- paliter innititur rationi creatae. Quidam vero ex se non includunt aliquod praedictorum; et talis est ratio scientiae absolute sumpta; unde et potest subici fidei et Deo, et potest quis ei nimis inniti.

10. Ad decimum dicendum quod ratio supernaturalis, cui fides innititur, non oportet quod sit menti scientialiter et syllogistice nota et probata, quamvis aliquando hoc esse possit.

d'hommes extérieurs, en tant que choses humaines [1], alors que la foi lui a déjà été donnée ; mais un tel homme s'appuie plutôt sur la vérité même qui reluit dans ces témoignages et qui est proposée à son esprit par leur biais. Or faire cela, c'est s'appuyer sur un témoignage, non en tant que c'est le témoignage d'hommes, mais en tant que c'est celui de Dieu et en tant qu'il se montre à l'esprit comme divin.

9. En réponse au neuvième argument, il faut dire qu'il y a certains habitus et actes qui comportent dans leur essence une pure sujétion et adhésion assujettie à Dieu, en sorte qu'ils sont identiques à un soutien habituel ou actuel par lequel un esprit s'appuie principalement sur Dieu seul ; et la foi est de ce type, non seulement quant au consentement de la volonté, mais encore quant à l'assentiment de l'intellect. Mais certains habitus et actes comportent en eux-mêmes l'éloignement de Dieu et un appui principal de l'esprit sur quelque chose de créé ; et telle est l'adhésion par laquelle on s'appuie principalement sur la raison créée dans la croyance aux choses divines. Mais certains ne comportent en eux-mêmes rien de ce que l'on a mentionné ; et telle est la raison de la science dans son sens absolu ; c'est pourquoi une telle raison peut aussi se soumettre à la foi et à Dieu, et que l'on peut s'appuyer beaucoup sur elle.

10. En réponse au dixième argument, il faut dire qu'il n'est pas nécessaire que la raison surnaturelle sur laquelle s'appuie la foi soit connue et prouvée par l'esprit de façon scientifique et syllogistique, bien que parfois cela soit possible.

---

1. Ici, le neutre singulier doit être distribué à *testimonio* comme à *rationi*, de même que, à de très nombreuses reprises, Olivi emploie un adjectif au singulier qui qualifie un ensemble de mots liés entre eux par les conjonctions *et*, *ac*, *aut*, etc. Il s'agit ici d'opposer ce qui est humain à ce qui ne l'est pas.

11. Ad undecimum dicendum quod ideo dicitur quis
credere Deo testificanti et praecipienti credere illa quae
per idem credimus, quia si veritas credendorum non esset
et non occurreret nobis ut a Deo proposita et interius vel
exterius per ipsum testificata, non possent credi fide
famulatoria, nec occurreret nobis ipsa veritas ut divina et
divinitus credenda. Non est autem intelligendum quod
alicui locutioni factae a Deo fides principaliter innitatur,
nisi pro quanto innititur ipsi Deo et eius luci et imperio in
illa locutione se, quantum est ex se, efficaciter exhibenti;
licet oculus cordis nostri non possit eam ibi recte
apprehendere, nisi fide sanetur, sicut nec oculus noster
lippus aut caecus potest lucem solis sibi praesentem fixe
intueri. Primi autem dicti exemplum est in bibente, cuius
gustus non principaliter innititur scypho, immo vino posito
in scypho, sicut etiam visus plus itmititur terminali obiecto
quam speculo vel aeri intermedio.

12. Ad duodecimum dicendum quod haeretici, si in
his quae vera credunt, innituntur principaliter Deo, tunc
non eadem ratione credunt vera, qua credunt falsa.
Si autem in utrisque innituntur eidem causae creatae
et eodem modo, tunc, quantum est ex parte ipsorum,
eadem ratione credunt utrumque. Potest tamen contin-
gere quod vera credunt propter testificationem veram

11. En réponse au onzième argument, il faut dire que l'on dit de quelqu'un qu'il croit que Dieu atteste et prescrit de croire ces choses que nous croyons d'après la foi, parce que si la vérité de ce que l'on doit croire n'était pas et ne nous apparaissait pas comme proposée par Dieu et attestée par lui intérieurement ou extérieurement, on ne pourrait croire les propositions soumises à la foi, et la vérité divine elle-même ne se présenterait pas à nous comme divine ou devant être divinement crue. Mais il ne faut pas comprendre que la foi s'appuie principalement sur quelque parole prononcée par Dieu, sinon dans la mesure où elle s'appuie sur Dieu lui-même et sa lumière et son pouvoir, qui se montrent efficacement pour autant qu'ils le peuvent dans cette parole ; bien que l'œil de notre cœur ne puisse l'appréhender droitement ici-bas, s'il n'est assaini par la foi, de même que notre œil, chassieux ou aveugle, ne peut non plus regarder fixement la lumière du soleil qui lui est présente. Mais un exemple du premier cas [1] se trouve chez le buveur, dont le goût ne s'appuie pas principalement sur la coupe, mais bien sur le vin servi dans la coupe, de même, encore, que la vue s'appuie plus sur l'objet dans lequel elle se termine que sur le miroir ou l'air intermédiaire.

12. En réponse au douzième argument, il faut dire que, si, concernant ces choses qu'ils croient vraies, les hérétiques s'appuient principalement sur Dieu, alors ce n'est pas pour la même raison qu'ils croient des choses vraies et qu'ils croient des choses fausses. Mais si, concernant les unes et les autres, ils s'appuient sur la même cause créée et de la même façon, alors, de leur côté, ils croient pour la même raison l'une et l'autre chose. Il peut cependant arriver qu'ils croient des choses vraies à cause d'une attestation vraie

1. C'est-à-dire de la possibilité d'appréhender quelque chose, comme Dieu, dans autre chose, comme une parole.

sibi factam, vel propter aliquam ratiocinationem, aut
propter aliquam inclinationem rectam eis divinitus inditam,
falsa vero propter testificationem falsam et erroneam et
propter suam voluntatem et rationem vitiosam.

qu'on leur a faite, à cause d'un certain raisonnement ou à cause d'une certaine inclination droite divinement mise en eux, mais il peut arriver qu'ils croient des choses fausses à cause d'une attestation fausse et erronée et à cause de leur volonté et de leur raison vicieuses.

QUAESTIO IX

Iuxta hoc quaeritur an fides primo
et principaliter innitatur alicui obiecto
et per illud aliis, vel omnibus aequaliter
et uniformiter.

[Rationes contra]

Et quod omnibus aequaliter, videtur :

1. Primo, quia una et eadem est ratio credendi omnia, scilicet divina illustratio.

2 Secundo, quia omnia eadem veritate sunt vera, scilicet veritate divina.

3. Tertio, quia quae sine aliqua ratione creduntur, non habent unde sint tali credenti magis vel minus credibilia. Sed omnia credibilia fidei creduntur absque ratione ; non enim fides innititur rationi.

4. [Quarto, quia omnia quae aequaliter a Deo nobis testificata sunt, aequaliter a nobis credenda sunt. Sed omnia obiecta fidei aequali innituntur rationi], quia aequaliter sunt nobis a Deo per prophetas et Ecclesiam testificata.

QUESTION IX

Sur ce, on cherche si la foi s'appuie au premier
chef et principalement sur un certain objet,
et, par son entremise, sur les autres,
ou bien sur tous à égalité et uniformément.

[Arguments *contra*]

Et il semble qu'elle s'appuie sur tous à égalité :

1. Premièrement, parce qu'il y a une seule et même raison de croire toutes choses, à savoir l'illumination divine.

2. Deuxièmement, parce que toutes choses sont vraies par la même vérité, à savoir la vérité divine.

3. Troisièmement, parce que rien ne rend les choses que l'on croit sans raison plus ou moins crédibles pour tel croyant. Mais tous les crédibles de la foi sont crus sans raison – en effet la foi ne s'appuie pas sur la raison.

4. [Quatrièmement, parce que toutes les choses que Dieu a attestées de façon équivalente pour nous sont crues par nous de façon équivalente. Mais tous les objets de foi s'appuient sur une raison égale] parce que Dieu les a attestés de façon équivalente pour nous, par l'entremise des prophètes et de l'Église.

5. Quinto, quia in essentia habitus fidei non est una pars principium et causa aliarum, ergo fides unius obiecti vel unius articuli non est causa fidei alterius obiecti vel articuli. Sed si per hoc quod credit unum credit alia, tunc fides illius est causa fidei aliorum; ergo etc.

6. Sexto, quia nulli potest inniti primo et principaliter, nisi innitatur illi propter se et tamquam fini ultimo, aliis vero propter illud tamquam propter finem illorum. Sed fides nulli potest inniti propter se tamquam fini ultimo, nisi credens prius iudicet illud esse sibi propter se credendum. Sed hoc non potest iudicare sine fide, quia tale iudicare est quoddam credere : intellectus enim nihil iudicat sine assensu. Ridiculosum etiam est dicere quod ego credo Christum esse passum vel animam esse immortalem propter hoc, ut Deus sit, seu propter Deum esse.

7. Septimo, quia assensus fidei fertur primo et immediate super compositionem terminorum fidei, utpote super hanc : Creatura non est Deus. Sed haec compositio est quid creatum et etiam prior terminus, qui est ibi pro subiecto; ergo saltem illud primum obiectum non est Deus, de quo tamen magis videretur.

8. Octavo, quia multi credunt sola consuetudine, quia scilicet sunt nati et educati inter fideles et in verbo fidei. Sed consuetudo est quid creatum; ipsa etiam non plus aut prius respicit unum articulum creatum quam alium.

5. Cinquièmement, parce que, en essence, l'habitus de foi n'a pas de parties dont l'une serait principe et cause des autres, donc la foi en un objet ou un article n'est pas cause de la foi en un autre objet ou article. Mais si, du fait qu'on croit à l'un, on croit aux autres, alors la foi en celui-là est cause de la foi dans les autres ; donc etc.

6. Sixièmement, parce que l'on ne peut s'appuyer au premier chef et principalement sur une chose que si l'on s'appuie sur elle pour elle-même et en tant que fin ultime, mais on peut s'appuyer sur d'autres choses à cause d'elle, en tant qu'elle est leur fin ultime. Mais la foi ne peut s'appuyer sur une chose pour elle-même en tant que fin ultime que si le croyant juge auparavant qu'il doit la croire pour elle-même. Mais il ne peut en juger sans foi, parce que juger ainsi, c'est croire d'une certaine manière : en effet, l'intellect ne juge rien sans assentiment. Il est même ridicule de dire que je crois que le Christ a souffert ou que l'âme est immortelle parce que Dieu existe ou en raison de l'existence de Dieu.

7. Septièmement, parce qu'un assentiment de foi se porte d'abord et immédiatement sur la composition de termes de foi, comme par exemple sur celle-ci : « Une créature n'est pas Dieu ». Mais cette composition est quelque chose de créé et même un terme antérieur, qui est pris ici comme sujet ; donc, à tout le moins, ce premier objet n'est pas Dieu, dont il semblerait pourtant qu'il soit davantage concerné par cet assentiment que la composition elle-même.

8. Huitièmement, parce que nombreux sont ceux qui croient seulement par habitude, à savoir parce qu'ils sont nés et ont été éduqués parmi des fidèles et dans la parole de la foi. Mais l'habitude est quelque chose de créé ; de plus, elle ne se rapporte pas davantage ni d'abord à un article créé plutôt qu'à un autre.

9. Nono, quia fides non videtur habere nisi unum simplex obiectum, scilicet Deum. Unde Dionysius, libro *De divinis nominibus*, cap. 7, dicit quod fides est stabilis collocatio credentium circa simplicem et puram et inerrabilem veritatem omnium cognitivam seu quae est ratio et cognitio omnium.

[Responsio ad quaestionem IX]

I. [Petri Ioannis Olivi positio propria]

Ad quaestionem secundam dicendum quod in obiectis fidei est invenire duplicem primitatem et principalitatem : Primo scilicet, quia ratio obiectiva eius sibi primo et principalius et praecellentius convenit, tam secundum se quam respectu habitus fidei; ita quod reliqua non habent rationem obiectivam fidei, nisi participative et per posterius et respectu primi obiecti et semper in ordine ad illud. Unde nullus habitus aut actus fidei respicit illa, nisi solum in ordine ad primum obiectum. Et hoc modo Deus est primum et principale obiectum fidei, sicut et caritatis.

Secundo dicitur primum, quia ipsi credenti primo occurrit sub ratione manifesta et explicita, alia vero per consequentiam ex illo deductam, vel per distinctionem aut specificationem ipsius in illa. Ex fide enim resurrectionis Christi, quam credebant

9. Neuvièmement, parce que la foi ne semble avoir qu'un unique objet simple : Dieu. C'est pourquoi Denys, dans le chapitre 7 du traité *Sur les noms divins*, dit que la foi est la disposition stable des croyants vis-à-vis de la simple, pure et infaillible vérité faisant connaître toutes choses ou qui est la raison et connaissance de toutes choses [1].

[Réponse à la question IX]

I. [Position propre de Pierre de Jean Olivi]

En réponse à la deuxième question, il faut dire que l'on peut trouver, dans les objets de foi, deux primautés et principautés : premièrement, parce que la raison objective de la foi convient à l'objet qui en est doté premièrement, plus principalement et plus excellemment, tant en soi que par rapport à l'habitus de foi ; en sorte que les autres n'ont la raison objective de la foi que par participation, postérieurement, par rapport à l'objet premier et toujours en tant qu'ordonnés à lui. C'est pourquoi aucun habitus ou acte de foi ne se rapporte à eux, sinon seulement en tant qu'ils sont ordonnés à l'objet premier considéré. Et, en ce sens, Dieu est l'objet premier et principal de la foi, tout comme, aussi, de la charité.

Deuxièmement, on dit qu'un objet de foi est premier, parce qu'il se présente en premier au croyant lui-même, sous une raison manifeste et explicite, tandis que les autres se présentent à lui par l'entremise d'une conséquence déduite de cet objet premier, ou par le biais d'une distinction ou spécification de lui-même en eux. En effet, l'Apôtre [2], à partir de la foi à la résurrection du Christ à laquelle croyaient

---

1. *Cf.* Denys l'Aréopagite, *De divinis nominibus*, c. 7, n. 4 (*PG* 3, 871C).
2. *Cf.* I Cor. 15, 12-19.

Corinthii, Apostolus per consequentiam deducit eos ad credendum resurrectionem nostram. Ex fide etiam Veteris Testamenti per plures consequentias probamus explicitam fidem Novi. Credentem vero Scripturae sacrae vel catholicae Ecclesiae deducimus in distinctas credulitates eorum, quae distincte dicit Scriptura vel credit Ecclesia; deducimus, inquam, distinguendo Scripturam quasi totum integrale in suas partes et distinguendo fidem quam credit Ecclesia quasi universale in particularia. Quamvis autem huiusmodi consequentiae aliquando sint necessariae et eorum necessitas sit nobis scientialiter nota, non tamen conclusio per huiusmodi consequentiam deducta est propter hoc nobis scientialiter nota, sed solum eo modo, quo est nobis notus ille articulus fidei, ex quo est sic deducta. Et ideo, si ille articulus est nobis sola fide notus, et illa conclusio erit nobis sola fide nota, ut verbi gratia, quamvis haec consequentia : "Socrates currit, ergo movetur", sit nobis scientialiter nota, non tamen ex hoc est nobis certum Socratem moveri, nisi quatenus est nobis certum Socratem currere.

Sciendum etiam quod [ratio pri]mitatis et poste[rioritatis aliquando] provenit ex parte credendorum, aliquando ex modo et ordine tradendi et proponendi illa, secundum quod quaedam sunt primo a Deo propalata ac deinde alia; aliquando ex parte dispositionis ipsius credentis, qui est magis dispositus et assuefactus ad unum firmius vel magis explicite credendum quam reliquum, quamvis ultimum de se sit primo et principalius credibile. Et secundum hoc contingit quod, sicut membra mutuo se iuvant, ita quod

les Corinthiens, les a amenés par déduction à croire à notre résurrection. A partir de la foi de l'Ancien Testament, nous prouvons encore, par plusieurs conséquences, la foi explicite du Nouveau. Nous amenons par déduction celui qui croit l'Écriture sacrée ou l'Église catholique à croire distinctement ce que l'Ecriture dit ou que l'Église croit distinctement ; nous l'y amenons par déduction, dis-je, en divisant l'Ecriture comme un tout intégral en ses parties et en divisant la foi à laquelle croit l'Église comme un universel dans ses particuliers. Mais, bien que les conséquences de ce type soient parfois nécessaires, et que leur nécessité nous soit scientifiquement connue, cependant, la conclusion déduite par le biais d'une conséquence de ce type ne nous est pas, pour cela, scientifiquement connue, mais seulement à la façon dont nous est connu cet article de foi, à partir duquel on l'a ainsi déduite. Et c'est pourquoi, si cet article ne nous est connu que par la foi, cette conclusion aussi ne nous sera connue que par la foi. Par exemple, bien que cette conséquence : « Socrate court, dont il se meut » nous soit scientifiquement connue, cependant, à partir de cela, il n'est certain pour nous que Socrate se meut que dans la mesure où il est certain pour nous que Socrate court.

Il faut encore savoir que la [raison de pri]mauté et de poste[riorité] provient [parfois] du côté des choses à croire ; parfois de la manière et de l'ordre selon lesquels elles sont transmises et proposées, certaines ayant été dévoilées par Dieu en premier et d'autres ensuite ; parfois du côté de la disposition du croyant lui-même, qui est plus disposé et accoutumé à croire une chose d'une façon plus ferme ou plus explicite qu'une autre, bien que cette dernière soit crédible en soi de façon première et plus principale. Et, dans ce dernier cas, il arrive que, de même que les membres sont utiles les uns aux autres, en sorte que même les

etiam inferiora in aliquo iuvant superiora, sic fides et notitia unius articuli iuvat ad fidem et notitiam alterius etiam de se principalioris. Sicut enim amor proximi disponit et elevat ad perfectiorem amorem Dei, licet amor Dei sit simpliciter prior illo et causa illius, sic et in proposito : fides inferioris articuli disponit et manuducit ad perfectiorem et explicatiorem fidem alterius superioris articuli.

II. [Rationes pro]

1. Quod autem Deus sit simpliciter primum et principale obiectum fidei, ostendit primo modus processionis seu confessionis catholicae, secundum quam principalius dicimus : Credo in Deum, aut in eum qui iustificat impium.

2. Secundo ostendit hoc dependentia fidei ab obiecto divino, quia quibuscumque aliis creditis et non credito Deo, nihil penitus habetur de fide. Credere etiam illa sine respectu ad Deum, non est credere fidei catholicae.

3. Tertio ostendit hoc generalis ratio obiectiva fidei, quae est aut veritas divinitus proposita ad credendum et colendum Deum, aut veritas necessaria ad debite credendum et colendum Deum, aut veritas credibilis perfecte in Deum ducens. Divinae autem veritatis ratio non univoce neque aequaliter est in omnibus per fidem creditis, nec ipsa sunt aequaliter in veritate quae est Deus, quia solus Deus est in ea per essentialem identitatem, reliqua vero per exemplarem expressionem et per veridicam testificationem.

membres inférieurs sont en quelque façon utiles aux membres supérieurs, de même la foi et la connaissance d'un article sont utiles à la foi et à la connaissance d'un autre, même si ce dernier est en soi plus principal. En effet, de même que l'amour du prochain dispose et élève à un amour plus parfait de Dieu, bien que l'amour de Dieu soit absolument antérieur à lui et cause de lui, de même en va-t-il aussi dans notre exposé : la foi à un article inférieur dispose et mène à une foi plus parfaite et mieux explicitée d'un autre article supérieur.

II. [Arguments *pro*]

1. Que Dieu soit un objet de foi absolument premier et principal, le montre premièrement la manière catholique de procéder, c'est-à-dire la confession catholique, selon laquelle nous disons plus principalement : « Je crois en Dieu, c'est-à-dire en celui qui justifie l'impie. »

2. Deuxièmement, le montre la dépendance de la foi par rapport à l'objet divin, parce que, quoi que l'on croie d'autre, si l'on ne croit pas à Dieu, on n'a absolument rien en matière de foi. De plus, croire ce que l'on croit sans rapport avec Dieu, ce n'est pas croire selon la foi catholique.

3. Troisièmement, le montre la raison objective générale de la foi, qui est soit une vérité divinement proposée pour croire à Dieu et l'adorer, soit une vérité nécessaire pour dûment croire à Dieu et l'adorer, soit une vérité crédible conduisant parfaitement vers Dieu. Or la raison de la vérité divine n'est pas univoquement ni également dans toutes les choses que l'on croit par la foi, et ces dernières ne sont pas à égalité dans la vérité qui est Dieu, parce que Dieu seul est en elle par une identité essentielle, tandis que les autres choses que l'on croit sont en elle par une expression exemplaire et par une attestation véridique.

4. Quarto ostendit hoc ordo naturae rationalis ad Deum, de qua constat quod intellectu et voluntate debet subici et inniti Deo super omnia et primo et principalius. Sed radix et inchoatio huius fundationis et subiectionis consistit in fide.

5. Quinto ostendit hoc rectitudo et efficacia divinae voluntatis, tam in praecipiendo principalius credi principalius credenda, quam influxu [in assensum] fidei, fortius et principalius movendo cor nostrum ad se quam ad alia; alias enim eius voluntas non esset recta, nec moveret nos recte.

6. Sexto ostendit hoc ordo omnium credendorum ad Deum. Constat enim quod referuntur ad ipsum tamquam ad summum et primum et principalissimum.

7. Septimo ostendit hoc ordo fidei ad caritatem et ad suam causalem radicem, quae est absoluta voluntas adhaerendi voluntati divinae ut per fidem rectam colendae seu credendae. Constat enim quod tam caritas quam praefata voluntas prius et principalius movent intellectum ad credendum Deo et in Deum quam reliqua.

8. Octavo ostendit hoc ordo habitus fidei, quem habet in se ipso aut saltem in suis actibus. Si enim habitus fidei est constitutus ex partialibus credulitatibus plurium credi-torum, sicut quidam volunt, tunc sicut amor Dei est causa amoris proximi propter Deum, sic credulitas Dei est causa

4. Quatrièmement, le montre l'ordonnancement à Dieu de la nature rationnelle. En effet, il est manifeste que cette dernière, par l'intellect et la volonté, doit se soumettre à Dieu et s'appuyer sur lui au-dessus de tout de façon à la fois première et plus principale. Mais la racine et le commencement de cette fondation et de cette sujétion consistent dans la foi.

5. Cinquièmement, le montrent la droiture et l'efficace de la volonté divine, tant dans la prescription de croire plus principalement ce qu'il faut croire plus principalement, que par la poussée [vers l'assentiment] de foi, qui meut plus fortement et plus principalement notre cœur vers la volonté divine elle-même que vers les autres objets de foi ; en effet, sans cela sa volonté ne serait pas droite, et ne nous mouvrait pas droitement.

6. Sixièmement, le montre l'ordonnancement de tout ce qu'il faut croire à Dieu. En effet, il est un fait que tout ce qu'il faut croire se réfère à lui comme suprême, premier et principal au plus haut point.

7. Septièmement, le montre l'ordonnancement de la foi à la charité et à son origine causale, qui est la volonté absolue d'adhérer à la volonté divine en tant qu'elle doit être adorée ou qu'on doit y croire par une foi droite. En effet, il est manifeste que tant la charité que la volonté susmentionnée meuvent l'intellect à croire Dieu et en Dieu de façon plus première et plus principale qu'au reste.

8. Huitièmement, le montre l'ordonnancement de l'habitus de foi, qu'il a en soi-même ou du moins dans ses actes. En effet, si l'habitus de foi est constitué de croyances partielles en plusieurs objets crus, comme le veulent certains, alors, de même que l'amour de Dieu est cause de l'amour du prochain pour Dieu, de même, la croyance qui a pour objet Dieu est cause

ceterarum credulitatum; non quod quaecumque credulitas
Dei possit in plenam causalitatem aliorum, sed quando est
tanta et talis, quantam divinum praeceptum exigit, et quando
est in tali gradu et aspectu, quod merito potest in causalitatem
illarum, sicut et de caritate in praccedentibus fuit dictum.
Quidquid autem sit de hoc : saltem actus fidei, quo creditur
in Deum, est causa aliorum actuum fidei. Ideo enim
creduntur reliqua, quia creditur Deo et quia habent aliquem
ordinem ad Dei fidem et cultum. Quod patet etiam in his
quae videntur opposita Deo, scilicet in vitiis et peccatis.
Ideo enim peccata sunt credenda, quia sunt Dei offensiva
et quia, nisi per Dei gratiam et contritionem internam
credantur expianda aut per Dei iustitiam punienda, non
potest Deus debite credi et coli, quia sine hoc non potest
credi ut debite metuendus et venerandus et placandus, nec
ut misericors medicus et ut iudex iustus.

III. [Ad rationes contra]

1. Ad primum igitur in contrarium dicendum quod
quidam videntur sensisse quod lux increata, quae est ipsa
essentia Dei, sit formalis ratio obiectiva in omni credito,
ita quod nullum aliud obiectum formale sit in eis; sicut,
ut dicunt, lux superfusa coloribus est ratio formalis
visibilitatis ipsorum. Dicunt etiam quod ipsa est intellectui
credentis ratio repraesentans sibi et ostendens omnia

des autres croyances ; ce n'est pas que n'importe quelle croyance ayant pour objet Dieu puisse pleinement causer les autres, mais il arrive qu'une croyance soit ainsi cause des autres quand elle est de la grandeur et de la nature exigées par le précepte divin, et quand elle est d'un tel degré et aspect que, par le mérite, elle peut les causer, comme on l'a dit aussi de la charité, dans un passage précédent. Mais quoi qu'il en soit de cela, du moins, l'acte de foi par lequel on croit en Dieu est cause des autres actes de foi. En effet, c'est parce que l'on croit Dieu et parce qu'ils sont ordonnés en quelque façon à la foi qui a pour objet Dieu et à son culte que l'on croit aux autres objets de foi. Et c'est aussi patent concernant ce qui paraît opposé à Dieu, à savoir les vices et les péchés. En effet, s'il faut croire aux péchés, c'est parce qu'ils offensent Dieu et parce que, si l'on ne croit pas qu'ils doivent être expiés par la grâce de Dieu et la contrition intérieure ou punis par la justice de Dieu, on ne peut dûment croire à Dieu et l'adorer, parce que, sans cela, on ne peut croire qu'il faut dûment le craindre, le vénérer et lui plaire, ni qu'il est un médecin miséricordieux et un juge équitable.

III. [Réponse aux arguments *contra*]

1. Dès lors, en réponse au premier argument en sens contraire, il faut dire que certains semblent avoir pensé que la lumière incréée, qui est l'essence même de Dieu, est la raison objective formelle que l'on trouve dans tout ce que l'on croit, à l'exclusion de tout autre objet formel ; il en va de même, selon eux, de la lumière répandue sur les couleurs, qui est la raison formelle de leur visibilité. Ils disent encore qu'elle est la raison qui représente à l'intellect du croyant et lui montre tout ce qu'il faut

credenda, et quod praeter hoc est ratio effectiva seu causa efficiens nostrae fidei. Et isti fortasse dicerent quod, licet divina lux, per quam omnia credita praesentantur, sit eadem, non tamen aequaliter est in omnibus, nec omnia aequaliter repraesentantur in ipsa.

Quamvis autem tertium indubitanter sit verum, licet efficientia fidei potius competat divinae luci, ut est voluntas imperans hoc vel illud fieri, quam prout est intelligentia lucens, verumtamen contra primum videtur esse : Primo, quia formalis ratio obiectiva communiter vocatur illud quod per se et immediate et directe ab actu vel habitu attingitur in obiecto, ut verbi gratia illud, quod directe et per se et immediate scitur vel auditur sive sentitur vel amatur, est formale obiectum praedictorum actuum. Si ergo sola essentia Dei, in quantum est lux, est formalis ratio obiectiva omnium credendorum, ergo ipsa, sola per se et directe in omnibus creditur. Non ergo credimus directe poenas vel culpas aut immortalitatem animae, sed solum credimus ea per accidens, sicut substantia subiecta colori videtur solum per accidens; quod est valde absurdum.

Secundo, quia secundum hoc de nihilo serviunt alia credita, nisi solum quoad hoc, quod lux increata credatur esse in eis, quamvis nec hoc fieri possit, nisi prius naturaliter illa credantur esse.

croire, et que, en outre, elle est la raison effective ou cause efficiente de notre foi. Et ceux qui défendent cette position diraient peut-être que, quoique la lumière divine, par laquelle se présente tout ce que l'on croit, soit la même dans tous les objets de foi, cependant elle n'est pas à égalité dans tous ces objets et tous ne sont pas également représentés en elle.

Quoique la troisième proposition soit indubitablement vraie, bien que l'efficience de la foi revienne à la lumière divine en tant qu'elle est une volonté commandant que se produise ceci ou cela, plutôt qu'en tant qu'elle est une intelligence qui illumine, cependant il semble que plusieurs éléments s'opposent à la première proposition. Premièrement, on appelle communément raison objective formelle ce qui est atteint par soi, immédiatement et directement dans un objet par un acte ou un habitus. Par exemple, ce qui est directement, par soi et immédiatement su ou entendu, ressenti ou aimé est l'objet formel des actes en question. Donc, si seule l'essence de Dieu, en tant qu'elle est lumière, est la raison objective formelle de tout ce qu'il faut croire, c'est donc elle seule que l'on croit par soi et directement dans tout ce que l'on croit. Donc nous ne croyons pas directement aux peines, aux fautes ou à l'immortalité de l'âme, mais nous y croyons seulement par accident, de même qu'une substance sous-jacente à une couleur est vue seulement par accident ; ce qui est tout à fait absurde.

Deuxièmement, selon cela, les autres objets crus ne servent à rien, sinon seulement dans la mesure où l'on croit que la lumière incréée est en eux, et bien que cela ne puisse se produire, si auparavant on ne croit pas naturellement qu'ils existent.

Tertio, quia absurdum videtur quod lux increata sit ratio formalis in vitiis et peccatis; aut cum credimus Adam vel primum angelum peccasse et peccata eorum iniquissima et damnosissima fuisse, quod hoc non sit aliud quam credere lucem increatam in eis esse vel fuisse. Cum etiam per fidem credimus errores haeresum esse falsos, est hoc solum per se et directe credere veritatem increatam esse in huiusmodi erroribus tamquam formalem rationem ipsorum.

Quarto, quia nos multas compositiones seu comparationes affirmativas de Creatore et creatura credimus, utpote quod nulla creatura est Deus : numquid autem negatio deitatis fundata in creatura est ipsa lux aeterna ? – Exemplum autem de colore et luce non facit pro ipsis : tum quia, licet color non possit videri a nobis nisi illuminatus, ipse tamen est per se visibilis et per se etiam videtur a nobis : unde et visibiliter discernimus inter colorem et lucem. Tum quia non sic creditur divina lux esse in vitiis, in quantum sunt vitia, nec ita se habet ad ea informanda, sicut lux se habet ad colores.

Ratio etiam, quam quidam ad hoc afferunt, non valet, scilicet quod aliter non potest dari quomodo increatae veritati credimus propter se, aliis vero non propter ipsam, nisi ly "propter se" dicat rationem causativam formalem omnium creditorum. – Ad quod dicendum quod illud potius

Troisièmement, il paraît absurde que la lumière incréée soit une raison formelle dans les vices et les péchés ; ou, puisque nous croyons qu'Adam ou le premier ange ont péché et que leurs péchés furent, au plus haut point, injustes et funestes, il paraît absurde que cela ne soit pas autre chose que croire que la lumière incréée soit ou ait été en eux. De plus, puisque nous croyons par la foi que les erreurs des hérésies sont fausses, c'est seulement croire par soi et directement que la vérité incréée est dans les erreurs de ce type en tant qu'elle est leur raison formelle.

Quatrièmement, quant à nous, nous croyons à de nombreuses propositions contenant des compositions ou comparaisons affirmatives au sujet du Créateur et de la créature, comme par exemple que nulle créature n'est Dieu : mais est-ce que la négation de la divinité fondée dans la créature est la lumière éternelle elle-même ? – Par ailleurs, l'exemple concernant la couleur et la lumière ne va pas dans leur sens : d'un côté, bien que la couleur ne puisse être vue par nous si elle n'est pas illuminée, elle est visible par soi et c'est encore par soi qu'elle est vue par nous : c'est pourquoi nous distinguons aussi par la vue la couleur et la lumière. De l'autre côté, on ne croit pas de la même façon que la lumière divine est dans les vices, en tant qu'ils sont des vices, et elle ne se comporte pas, pour les informer, comme se comporte la lumière pour informer les couleurs.

De plus, la raison que certains apportent en réponse à ces quatre arguments précédents ne vaut pas, à savoir que, sans cela, on ne pourrait rendre compte de la manière dont nous croyons à la vérité incréée à cause d'elle-même, mais pas aux autres à cause d'elle, si l'expression « à cause d'elle-même » ne fait pas référence à la raison formelle causative de tout ce que l'on croit. – Et en réponse, il faut

dicitur ad ostendendum principalitatem supremi obiecti quam formalem rationem omnis obiecti fidei. Hanc autem principalitatem quadruplici ex causa significamus per hoc quod dico "propter se" : Primo scilicet, ad designandum quod fides soli Deo innititur absolute, aliis vero nonnisi in respectu ad ipsum. – Secundo ad designandum aliquam habitudinem causae efficientis, quia credulitas, qua quis innititur Deo, est aliquo modo causa credulitatis aliorum. – Tertio ad designandum habitudinem primi testificantis seu proponentis veritatem credendorum. Quamvis enim nos per scientiam non videamus illa esse a Deo proposita et testificata, nihil tamen credimus nisi ut propositum nobis a Deo et ut praeceptum credi; et si aliter crederentur, scilicet ut non proposita nobis a Deo, tunc non crederentur fide oboedientiali et famulatoria et divinitus data ad subiciendum nos auctoritati et veritati divinae. – Quarto ad designandum habitudinem causae finalis. Quia enim fides est habitus voluntarius, ideo in se includit habitudinem causae finalis, qua propter Deum volumus credere omnia quae credimus, ut scilicet sibi debite inhaereamus, saltem quoad rectitudinem credendi. Caritas autem istam habitudinem per fidem et in fide inchoatam plenius perficit et consummat.

dire qu'on dit cela pour montrer que l'objet suprême est principal plutôt que pour montrer qu'il est la raison formelle de tout objet de foi. Or, qu'il soit principal, nous le signifions selon les quatre causes, conformément à mon emploi de l'expression « à cause d'elle-même » : à savoir, premièrement, pour désigner le fait que la foi ne s'appuie absolument que sur Dieu, mais ne s'appuie sur les autres éléments contribuant à la foi que par référence à lui. – Deuxièmement, pour désigner une certaine relation relevant de la cause efficiente, parce que la croyance par laquelle quelqu'un s'appuie sur Dieu est d'une certaine façon la cause de la croyance aux autres objets de foi. – Troisièmement, pour désigner la relation entretenue avec celui qui atteste ou propose en premier la vérité de ce qu'il faut croire. En effet, bien que nous ne voyions pas nous-mêmes selon une science que ce qu'il faut croire est proposé et attesté par Dieu, cependant nous ne croyons rien, sinon en tant que cela nous est proposé par Dieu et en tant qu'il est prescrit par lui de le croire ; et si l'on croyait autrement, c'est-à-dire sans que cela nous soit proposé par Dieu, alors on ne le croirait pas d'une foi relevant de l'obéissance et de la servitude, et divinement donnée afin de nous soumettre à l'autorité et à la vérité divines. – Quatrièmement, pour désigner une relation relevant de la cause finale. En effet, la foi est un habitus volontaire : c'est pourquoi elle inclut en elle-même la relation de causalité finale, par laquelle nous voulons, pour Dieu, croire tout ce que nous croyons, à savoir afin d'adhérer dûment à lui, du moins dans la mesure de la rectitude de l'acte de croire. Or la charité perfectionne et accomplit plus pleinement cette relation qui commence par la foi et dans la foi.

Contra secundum autem est primo quidquid alibi dictum contra huiusmodi rationes repraesentativas ; et specialiter : contra hoc quod divina lux seu divina essentia in hac vita sit nobis per se et immediate ratio repraesentativa rerum, quas intelligimus.

Secundo, quia aut divina lux repraesentat nobis credenda solum ut credenda, aut ostendit puram veritatem credendorum. – Si primum, ergo omnis fidelis intelligibiliter per divinam legem scit et videt quod illa sunt credenda et non alia ; quod aperte experimur esse falsum, non solum in idiotis et rudibus, sed etiam in quantumcumque sapientibus. – Praeterea, quomodo divina lux repraesentando ostendit illa esse indubitabiliter credenda, nisi ostendat quod sunt infallibilia et omnino indubitabilia ? – Praeterea, si ipsa hoc ostendit et repraesentat : ergo fides non est nobis necessaria aut non ad aliud, nisi ad uniendum nos illi luci, non quidem ut credendae, sed ut videndae aut ut habendae ratione repraesentativa. – Praeterea, inter cetera quae ostendit esse credenda, oportet quod se ipsam ostendat esse credendam. Sed tunc est mirabile, quomodo non ostendet se potius ut videndam. Quomodo enim ipsa ut praesens et praesentialiter illucescens ostendet se ut absentem et ut *per speculum et in aenigmate* apparentem ?

D'autre part, contre la seconde proposition, il y a plusieurs éléments : premièrement tout ce que l'on a dit ailleurs [1] contre les raisons représentatives de ce type ; et particulièrement contre le fait que la lumière divine ou l'essence divine, dans cette vie, soit pour nous par soi et immédiatement une raison qui représente les choses que nous intelligeons.

Deuxièmement, soit la lumière divine nous représente les choses qu'il faut croire seulement en tant qu'il faut les croire, soit elle montre la pure vérité des choses qu'il faut croire. – Dans le premier cas, alors chaque fidèle sait et voit de façon intelligible, par la loi divine, qu'il faut croire ces choses et non d'autres ; et nous faisons clairement l'expérience que c'est faux, non seulement chez les ignorants et les incultes, mais encore chez les savants, si savants soient-ils. – En outre, comment la lumière, en représentant, montre-t-elle qu'il faut indubitablement les croire, si elle ne montre pas qu'elles sont infaillibles et tout à fait indubitables ? – En outre, si elle montre et représente ceci, alors la foi ne nous est pas nécessaire, ou l'est seulement pour nous unir à cette lumière, non certes en tant qu'il faut la croire, mais en tant qu'il faut la voir, ou l'avoir comme raison représentative. – En outre, parmi toutes les autres choses dont elle montre qu'il faut les croire, il faut qu'elle montre qu'elle-même doit être crue. Mais alors il est étonnant qu'elle ne montre pas plutôt qu'elle doit être vue. En effet, en tant qu'elle est présente et qu'elle illumine en tant que présente, comment se montre-t-elle en tant qu'absente et en tant qu'apparaissant « par le biais d'un miroir et en énigme » [2] ?

---

1. Pierre de Jean Olivi, *Quaestiones in secundum librum sententiarum*, *op. cit.*, vol. 2, 1922, p. 459 *sq.* ; vol. 3, 1926, p. 500-517.
2. *Cf.* I Cor. 13, 12.

Si vero detur secundum, scilicet quod repraesentat puram veritatem credendorum, tunc sequitur quod veritatem ipsorum facit scire potius quam credere, et hoc absque omni discurso, qui est potissimus modus sciendi. – Praeterea, unde est quod lux increata plus ostendit fideli ipsam veritatem credendorum quam veritatem aliarum rerum? Non enim hoc est ex parte ipsius lucis increatae, quia ipsa ex se aequaliter se habet ad omnes ostendendas; nec ex parte fidei, quia fidei non est videre veritates illas, sed solum credere. – Praeterea, aut ostendit veritatem credendorum ostendendo rationes et principia, ex quibus necessario sequuntur, aut ipsa in se ipsis et secundum se ipsa faciendo videri; quorum utrumque est aperte absurdum.

Sed quidam adhuc dicere videntur quod ipsa fides est quaedam lux influxa a luce increata; et haec illustrat intellectum ad percipiendam et discernendam veritatem credendorum in ipsa veritate prima, ad cuius apprehensionem fides participaliter illuminat; dicuntque quod per hanc illustrationem inclinat intellectum ad credendum et affectum ad consentiendum. – Sed in hoc dicta tria calumniabilia esse videntur.

Primum est quod fides aliter quam credendo et sentiendo Deum ut absentem faciat ipsum et eius [veritatem ut praesentem. – Secundum] est quod in ipso et in [eius luce faciat] videri totam veritatem omnium credendorum aliter quam per fidem et caritatem, sentiendo quasi veritatem Dei et sui testimonii in omnibus credendis, vel iuvando

Mais si l'on se place dans le second cas, c'est-à-dire si la lumière divine représente la pure vérité des choses qu'il faut croire, alors il suit qu'elle fait savoir plutôt que croire leur vérité, et ceci sans aucun raisonnement, ce qui est le mode de connaissance le plus puissant. – En outre, d'où vient que la lumière incréée montre au fidèle la vérité même des choses qu'il faut croire, davantage que la vérité des autres choses ? En effet, cela ne vient pas du côté de la lumière incréée elle-même parce que, d'elle-même, elle montre toutes choses à égalité ; cela ne vient pas non plus du côté de la foi, parce qu'il n'appartient pas à la foi de voir ces vérités, mais seulement de les croire. – En outre, elle montre la vérité des choses qu'il faut croire soit en montrant les raisons et les principes dont elles suivent nécessairement, soit en les faisant voir en elles-mêmes et d'après elles-mêmes ; et l'un et l'autre des membres de l'alternative sont clairement absurdes.

Mais certains semblent dire encore que la foi même est une certaine lumière qui découle de la lumière incréée ; et cette lumière illumine l'intellect afin qu'il perçoive et discerne la vérité des choses qu'il faut croire dans la vérité première elle-même, en vue de l'appréhension de laquelle la foi illumine par participation ; et ils disent que, par cette illumination, la foi incline l'intellect vers la croyance et l'affect vers le consentement. – Mais, il semble qu'il y ait, dans ce propos, trois points critiquables.

Le premier de ces points, c'est que la foi représente Dieu et sa [vérité comme présents] autrement qu'en croyant et sentant Dieu comme absent. – [Le deuxième] point, c'est que la foi [fait] voir en Dieu lui-même et dans [sa lumière] toute la vérité de toutes les choses à croire autrement que par le biais de la foi et de la charité, en donnant le sentiment pour ainsi dire de la vérité de Dieu et de son témoignage dans toutes les choses à croire, ou bien en prêtant assistance

naturale lumen intellectus ad intelligendum id quod fide credit, vel promerendo aliquod speciale donum intelligentiae. – Tertium est quod fides sit lux inclinans ad credendum, quasi ipsa non sit ipsa credulitas, sed solum aliquid praevium, inclinans ad eam, cum constet quod quidquid habeamus, non habendo ipsam credulitatem credendorum, non simus fideles neque habitu vel actu credentes in Deum, sicut nec sine amore sumus amantes; quamvis isti etiam de caritate videantur dicere quod est quasi quidam calor inclinans ad amandum, acsi ipsa non esset ipse amor.

Quartum est quod lux fidei, exsistens in solo intellectu, inclinet voluntatem ad consentiendum. Ex hoc enim tria inconvenientia sequuntur: Primo scilicet, quod voluntas in credendo ea, quae sunt fidei, necessario sequitur intellectum et lucem eius, et necessario movetur ab illa; et hoc non usque ad qualemcumque actum, sed usque ad plenum consensum. – Secundo, quod principalis virtuositas seu principalis ratio virtutis et virtuositatis fidei sit in intellectu, immo et tota, quia isti volunt quod voluntas non indiget aliquo habitu ad consentiendum fidei seu ad volendum credere praeterquam habitu illo, qui est in solo

à la lumière naturelle de l'intellect, afin qu'il intellige ce qu'il croit par la foi, ou bien encore en méritant quelque don spécial de l'intelligence. – Le troisième point, c'est que la foi est une lumière qui incline à croire, comme si elle n'était pas la croyance elle-même, mais seulement quelque chose qui la précède, qui incline vers elle, puisqu'il est un fait que, quoi que nous ayons, si nous n'avons pas la croyance même envers les choses qu'il faut croire, nous ne sommes pas de fidèles croyants en Dieu, ni en habitus, ni en acte, tout comme nous ne sommes pas non plus amants, sans amour; bien que les hommes qui défendent la position qui vient d'être combattue semblent encore dire de la charité qu'elle est comme une certaine chaleur qui incline vers l'amour, mais selon cette position elle ne serait pas l'amour même.

Un quatrième point critiquable est que la lumière de la foi, qui n'existe que dans l'intellect, incline la volonté vers le consentement. En effet, trois conséquences inconvenantes découlent de cette opinion : à savoir, premièrement, que la volonté, en croyant aux choses qui relèvent de la foi, suit nécessairement l'intellect et sa lumière, et qu'elle est mue nécessairement par cette dernière; et ceci non pas jusqu'à n'importe quel acte, mais jusqu'au plein consentement. – Deuxièmement, que la virtuosité[1] principale ou raison principale de vertu et de virtuosité de la foi est dans l'intellect, et bien plus qu'elle y est tout entière, parce que ces maîtres susmentionnés veulent que la volonté n'ait besoin, en vue de consentir à la foi ou de vouloir croire, d'aucun autre habitus que celui-ci, qui est seulement dans

---

1. La virtuosité est ici à entendre comme le caractère de ce qui est vertueux.

intellectu. – Ex hoc autem sequitur tertium, scilicet quod
in fideli non sit habitualis voluntas ad credendum; ita quod,
dum dormit, non habet voluntatem credendi, aut si est in
eo, ipsa non est virtus vel pars virtutis fidei. Quae quidem
satis sunt alibi improbata; et aperte sunt contra sententiam
Augustini et Anselmi et Hugonis et solemniorum doctorum.

Ad supradictum igitur medium dicendum quod, per
divinam illustrationem intelligatur ratio divinae veritatis
ut participata in omnibus creditis, tunc non est in omnibus
aequalis nec eadem, immo quodlibet creditum habet suam
propriam veritatem vel in se vel in mente credentis;
quodlibet etiam secundum suam propriam rationem
exprimitur et testificatur a veritate increata. – Si vero per
divinam illustrationem intelligatur ipsa fides, sic secundum
quosdam non est simpliciter eadem respectu omnium
obiectorum, immo per unam partem sui credit unum, per
aliam aliud. Quod probatur eo modo quo supra, in quaestione

l'intellect. – Or de là s'ensuit la troisième conséquence inconvenante, à savoir qu'il n'y a pas dans le fidèle de volonté habituelle ayant pour visée de croire ; en sorte que, lorsqu'il dort, il n'a pas la volonté de croire, ou, si elle est en lui, elle n'est pas une vertu ni une partie de la vertu de foi. Et l'on a certainement assez réfuté ailleurs ces conséquences [1] ; et elles s'opposent clairement à la sentence d'Augustin, d'Anselme, d'Hugues et de docteurs plus solennels.

En réponse à la deuxième proposition susdite [2], il faut dire que, si, par illumination divine, on entend la raison de la vérité divine en tant que participée dans toutes les choses crues, alors elle n'est en elles toutes ni égale ni identique, bien au contraire, chaque chose crue a sa propre vérité soit en elle-même, soit dans l'esprit du croyant ; de plus, chacune est exprimée et attestée par la vérité incréée d'après sa propre raison. – Mais si, par illumination divine, on entend la foi elle-même, alors, d'après certains, elle n'est pas absolument identique par rapport à tous les objets de foi, bien au contraire, elle croit à l'un par l'une de ses parties, à l'autre par une autre. Et on le prouve de la même façon que précédemment, dans la question sur la

1. Pierre de Jean Olivi, *Quaestiones in secundum librum sententiarum*, *op. cit.*, vol. 2, 1922, p. 477-515.
2. C'est-à-dire la deuxième proposition que les deuxièmes *quidam* défendent : *haec illustrat intellectum ad percipiendam et discernendam veritatem credendorum in ipsa veritate prima, ad cuius apprehensionem fides participaliter illuminat.*

de connexione virtutum ; et est hoc de caritate probatum,
cum ageretur de distinctione virtutum.

Probatur igitur hoc primo ex vario gradu intensionis
et remissionis : impossibile enim est quod idem simplicissi-
mum adhaereat uni intensius quam alteri. Constat autem
quod adhaesio, qua fides adhaeret Deo, est maior et intensior
quam illa, qua adhaeret ceteris creditis. Nec est contra hoc
quod Deus simplicissimus plus diligit se quam alia et plus
sanctum quam capram, quia Deus non diligit adhaerendo
et innitendo ac infigendo se alicui, sed totus est omnium,
secundum quod illa sunt apta, ut sit illorum idem secundum
mensuram bonitatis illorum.

connexion des vertus ; et on a prouvé ceci au sujet de la charité, lorsque l'on traitait de la distinction des vertus [1].

Donc on prouve ceci [2] premièrement à partir des degrés divers d'intension et de rémission : en effet, il est impossible qu'une même chose, simple au plus haut point, adhère à une chose plus intensément qu'à une autre. Or il est manifeste que l'adhésion, par laquelle la foi adhère à Dieu, est plus grande et plus intense que celle par laquelle elle adhère aux autres choses crues. Et le fait que Dieu, simple au plus haut point, s'aime lui-même davantage que les autres choses et le saint davantage que la chèvre ne contredit pas cela, parce que Dieu n'aime pas en adhérant et en s'appuyant ou en se fixant sur quelqu'un, mais il se rapporte tout entier à toutes choses, selon leur capacité, de telle sorte qu'il se rapporte identiquement à elles toutes dans la mesure de leur bonté.

1. La réponse d'Olivi pose ici deux manières dont on peut admettre que la foi adhère à l'un de ses objets et, par suite seulement, aux autres : soit du côté de l'objet, et alors la foi, qui, étant simple, n'a pas en elle-même la capacité d'adhérer à un objet plus qu'à un autre adhère cependant aussi intensément qu'elle le peut à tous les objets de foi selon que la vérité incréée participe plus ou moins d'eux ; soit du côté de l'habitus, et alors la foi n'est pas simple et a plusieurs parties, chacune adhérant à un objet donné. Dans la suite de sa réponse, c'est selon cette alternative qu'il décomposera sa position en deux parties, à chaque fois que cette question sera abordée.

2. A savoir soit que la vérité divine n'est en toutes les choses crues ni égale ni identique, mais que, au contraire, chaque chose crue a sa propre vérité soit en elle-même, soit dans l'esprit du croyant et chacune est exprimée et attestée par la vérité incréée d'après sa propre raison ; soit que la foi n'est pas absolument identique par rapport à tous les objets de foi, mais croit à l'un, par le biais d'une de ses parties, à l'autre par le biais d'une autre.

Secundo probatur hoc ex multimoda habitudine causali ; quia credere in Deum videtur esse causa efficiens et finalis et regula motrix et directiva credulitatum, qua credimus cetera propter Deum et in respectu ad Deum. Constat autem quod idem non est causa sui.

Tertio probatur hoc ex melioritate ; quia credulitas, qua creditur in Deum, est incomparabiliter melior quacumque altera. Constat autem quod idem non est melius se ipso.

Quarto probatur hoc ex diversitate formalium obiectorum ; quia sicut differt creator et creatura, et finis et id quod ad finem, et principale et subprincipale, et prius et posterius, et propter se et propter aliud, sic differt Deus ut per fidem creditus a ceteris creditis eius. – Dato autem quod non ita sit, tunc dici potest, sicut de Deo, quod licet sit simplex, tamen non aequaliter respicit omnia sua obiecta. – Vel potest dici quod idem habitus potest intensius applicari ad unum quam ad aliud.

2. Ad secundum dicendum quod non omnia sunt vera veritate divina formaliter, sed solum exemplariter et causaliter aut comprehensive, in quantum scilicet in Dei scientia continentur ut scita. Et tunc, licet in se sit eadem, uniuscuiusque tamen est secundum mensuram rationis suae.

Deuxièmement, on prouve ceci à partir de relations causales de plusieurs types : parce que croire en Dieu semble être la cause efficiente et finale et la règle motrice et directive des croyances, par laquelle nous croyons aux autres objets de foi à cause de Dieu et par rapport à Dieu. Or il est un fait qu'une même chose n'est pas cause de soi.

Troisièmement, on prouve ceci à partir du fait d'être meilleur : parce que la croyance, par laquelle on croit en Dieu, est incomparablement meilleure que n'importe quelle autre. Or il est manifeste qu'une même chose n'est pas meilleure qu'elle-même.

Quatrièmement, on prouve ceci à partir de la différence entre les objets formels : parce que, de même que le créateur diffère de la créature, la fin de ce qui tend vers la fin, le principal du principié, l'antérieur du postérieur, l'« à cause de soi » de l'« à cause d'autre chose », de même, Dieu, en tant que l'on croit à lui d'après la foi, diffère des autres choses crues par la foi. – A supposer même qu'il n'en aille pas ainsi, alors, tout comme au sujet de Dieu, on peut dire, que, bien que la foi soit simple, cependant elle ne se rapporte pas à égalité à tous ses objets. – Ou bien on peut dire que le même habitus peut s'appliquer plus intensément à un objet qu'à un autre.

2. En réponse au deuxième argument, il faut dire que toutes choses ne sont pas vraies formellement par la vérité divine, mais seulement de façon exemplaire et causale ou compréhensive, à savoir en tant qu'elles sont contenues dans la science de Dieu comme sues. Et par conséquent, bien que, en soi, la vérité divine soit identique à elle-même, elle se rapporte cependant à chaque chose selon la mesure de sa raison.

3. Ad tertium dicendum quod, sicut iam saepius dictum est, quamvis credenda aliquando creduntur sine ratione probante, non tamen sine ratione obiectiva et sine determinata habitudine et rectitudine ac regula rationis. Et ideo secundum variam horum exigentiam diversimode se habet ad sua obiecta.

4. Ad quartum dicendum quod obiecta fidei non sunt a Deo tradita aut testificata ut aequalia aut aequaliter a nobis credenda, nec eorum veritas aequaliter relucet in divinis testimoniis. Veritas enim increata relucet in eis maiestative et principative et superexcessive; reliquae vero relucent ibi ut illi cohaerentes et subordinatae et in ipsam tamquam in ultimum finem ducentes. Ipsa etiam universaliter et fundamentaliter relucet ubique in omnibus veritatibus fidei et in omnibus testimoniis eius; quod non est sic dare de aliis.

5. Ad quintum dicendum quod immo, sicut supra tactum est, secundum quosdam una pars fidei seu unus partialis habitus eius est quodammodo causa alterius, ita quod habitus qui est in voluntate, est causa eius qui est in intellectu, et habitus qui est [respectu] Dei immediate, est aliquo modo causa habitus quo creduntur alia propter Deum. – Dato autem quod non sit ita, potest dici quod etiam unus habitus potest esse diversorum inaequaliter; sicut et punctus aliter est partium lineae, quarum est immediatus nexus vel terminus, aliter illarum quas solum respicit mediate.

3. En réponse au troisième argument, il faut dire que, comme on l'a déjà dit bien souvent, bien que les choses qu'il faut croire soient parfois crues sans raison probante, cependant ce n'est pas sans raison objective ni sans relation déterminée, rectitude et règle de la raison. Et c'est pourquoi, selon les divers réquisits de ces choses à croire, elle se rapporte diversement à ses objets.

4. En réponse au quatrième argument, il faut dire que les objets de foi n'ont pas été transmis ou attestés par Dieu en tant qu'égaux ou en tant que nous devons également y croire et leur vérité ne reluit pas à égalité dans les témoignages divins. En effet, la vérité incréée reluit en eux avec majesté, principauté et surexcès ; mais les autres vérités reluisent là en tant qu'elles s'accordent à elle, qu'elles lui sont subordonnées et qu'elles conduisent vers elle comme vers la fin dernière. Elle reluit encore universellement et fondamentalement partout, dans toutes les vérités de la foi et dans tous ses témoignages ; ce qu'il n'y a pas à concéder pour les autres vérités.

5. En réponse au cinquième argument, il faut dire que, bien au contraire, comme on en a traité plus haut, selon certains, l'une des parties de la foi ou l'un de ses habitus partiels est d'une certaine manière la cause d'un autre, en sorte que l'habitus qui est dans la volonté est la cause de celui qui est dans l'intellect, et l'habitus qui [se rapporte] à Dieu immédiatement est en quelque façon la cause de l'habitus par lequel on croit aux autres objets de foi à cause de Dieu. – A supposer qu'il n'en aille pas ainsi, on peut dire qu'un seul habitus peut encore se rapporter inégalement à diverses choses ; de même aussi qu'un point se rapporte d'une certaine façon aux parties d'une ligne dont il est la jonction ou le terme immédiat et d'une autre façon à celles auxquelles il se rapporte seulement médiatement.

6. Ad sextum dicendum quod sufficit quod prius apprehendat in aliquo obiecto rationem finis vel principalitatis solum cogitando quid est quod dicitur per nomen; non autem oportet quod prius hoc credat aut iudicet ita esse, sicut in praecedenti quaestione satis est ostensum. Quando autem dicimus quod nos credimus Deo propter se et cetera propter ipsum, non est sensus quod illa credamus propter hoc quod ipse sit, sed potius quod propter hoc credimus illa, ut perfectius Deum credamus et ut perfectius Deo per fidem adhaereamus. Vel sensus est quod credimus illa propter Deum testificantem illa et in illis quodammodo relucentem.

7. Ad septimum dicendum quod est ferri ad aliquid ut alterius rei signum vel speculum, et est ferri ad aliquid ut ad terminale obiectum. Primo modo fertur intellectus scientis vel credentis super species memoriales et super compositionem seu coordinationem earum. – Secundo modo fertur super res quas illis mediantibus aspicit; et hoc secundo modo fertur fides in Deum aut in sua credita. Hoc etiam modo prius fertur in divinum esse sive absolute sive relate ad alia sumptum quam ad illa alia. Dico autem prius natura et propter principaliorem ac fortiorem innisum, quamvis non semper sit prius tempore.

6. En réponse au sixième argument, il faut dire qu'il suffit que le croyant appréhende dans un certain objet la raison de la fin ou du principal en pensant seulement à ce qu'est ce qui est nommé ; mais il n'est pas nécessaire qu'auparavant il croie ou juge qu'il en est ainsi c'est-à-dire que cet objet soit final ou principal, comme on l'a assez montré dans la question précédente. Mais quand nous disons que nous croyons Dieu à cause de lui-même et aux autres objets de foi à cause de lui, ce n'est pas au sens où nous croirions à ces objets parce que Dieu existe, mais plutôt au sens où nous croyons à ces objets afin de croire à Dieu de façon plus parfaite et afin que nous adhérions plus parfaitement à Dieu par la foi. Ou bien nous croyons Dieu au sens où nous croyons à ces objets à cause de Dieu, qui atteste d'eux et qui reluit en eux d'une certaine façon.

7. En réponse au septième argument, il faut distinguer être porté vers quelque chose en tant que signe ou miroir d'une autre chose et être porté vers quelque chose comme vers un objet terminal. De la première façon, l'intellect de celui qui sait ou qui croit est porté vers les espèces mémorielles et vers leur composition ou coordination. – De la deuxième façon, il est porté vers les choses qu'il voit par l'intermédiaire des espèces mémorielles ; et c'est de cette deuxième façon que la foi se porte vers Dieu ou vers les objets auxquels elle croit. De cette façon encore, elle se porte d'abord vers l'être divin, pris soit absolument soit relativement à d'autres choses, plutôt que vers ces autres choses. Je dis « d'abord » selon la nature et par référence à l'appui plus principal et plus fort que l'on peut prendre sur Dieu, bien que cela ne soit pas toujours « d'abord » selon le temps.

8. Ad octavum dicendum quod, licet consuetudo seu assuefactio seu continua experientia fidei parentum et domesticorum aut concivium suorum habeat vim vehementer inductivam ad fidem veram vel erroneam, [nihilominus si] huic consuetudini principaliter innitantur, non aliter divinitus moti, nisi sola affectione humana et sola aestimatione credulitatis parentum et concivium suorum, absque divina aestimatione veritatis divinae a parentibus creditae et sibi per eos propositae, non habent fidem catholicam et virtuosam et divini cultus fundativam. Nec mirum, quia Christum etiam, [loquens] de signis miraculorum, improbat talem innisum. Unde Ioan. 4, 48, increpat super hoc regulum dicens : *Nisi signa et prodigia videritis, non credditis* ; quasi dicat : "Plus creditis signis quam mihi ; nec estis parati credere, nisi solum pro quanto signa videtis" ; quamvis ibi sit alia ratio increpandi illum : tum quia ille tamquam in lege nutritus potius debuit attendere ad testimonia Legis et prophetarum et ad Christi doctrinam et vitam, quam ad miracula exteriora ; tum quia iste iam prius satis audiverat famam miraculorum Christi, et forte iam plura viderat. Et ideo increpandus erat de tarditate et imperfectione cordis ad perfecte credendum.

8. En réponse au huitième argument il faut dire que, bien que l'habitude, la coutume ou l'expérience continue de la foi de leurs parents et des membres de leur famille ou de leurs concitoyens aient une force qui conduit avec véhémence vers une foi vraie ou erronée, [néanmoins, si] ceux qui sont nés et ont été élevés parmi les fidèles s'appuient principalement sur cette habitude, sans être par ailleurs divinement mus si ce n'est par la seule affection humaine et la seule estimation de la croyance de leurs parents et concitoyens, sans estimation divine de la vérité divine crue par leurs parents et qui leur est proposée par leur entremise, ils n'ont pas une foi catholique, vertueuse ni fondatrice du culte divin. Et ce n'est pas étonnant, parce que le Christ aussi, [parlant] des signes des miracles, rejette un tel appui. C'est pourquoi, en Jean 4, 48, il réprimande à ce sujet un officier royal en disant : « Si vous ne voyez pas de signes et de prodiges, vous ne croyez pas » ; comme s'il disait : « Vous croyez davantage les signes que moi-même ; et vous n'êtes pas prêts à croire, si ce n'est seulement pour autant que vous voyez des signes » ; bien qu'il y ait là une autre raison de le réprimander : d'une part, en tant qu'éduqué dans la loi, il devait plutôt être attentif aux témoignages de la loi et des prophètes et à la doctrine et à la vie du Christ qu'à des miracles extérieurs ; d'autre part, il avait déjà suffisamment entendu parler antérieurement de la renommée des miracles du Christ, et peut-être en avait-il déjà vu plusieurs. Et c'est pourquoi il devait être réprimandé pour la lenteur et l'imperfection que son cœur mettait à croire parfaitement.

Sciendum autem quod consuetudo nutritionis ab infantia deducta multiplici ex causa habet maximam vim inducendi ad fidem, et praecipue quando ab infantia occurrit ut in multis populis et in sollemnibus personis et ab antiqua famose deducta. Primo quidem, quia tota infantilis, dispositio est naturaliter susceptibilis et subiecta et disciplinabilis a suis nutritoribus; est enim aetas multum timorata et mobilis, sicut cera tenella. — Secundo, quia naturalis amor parentum et nutritorum et multa aestimatio, tam ipsorum quam quorumcumque superiorum, cito ac fortiter imprimitur eis, et sic excrescit in eis. — Tertio, quia nesciunt concipere nisi quod audiunt, et ideo est aetas facile credula; et praecipue quia, sicut sunt simplices et sine dolo, sic de aliis aestimant. — Quarto, quia fama antiquitatis et multitudinis et magnae auctoritatis fortiter imprimitur omnibus, sed praecipue simplicioribus.

Unde Augustinus, libro *De utilitate credendi*, cap. 28, dicit : « Auctoritate quidem decipi miserum est, sed certe miserius non moveri. Haec autem movet nos partim miraculis, partim sequentium multitudine ». — Et capitulo 27

Or il faut savoir que l'habitude propre à l'éducation dans la foi depuis l'enfance, tirée de multiples causes, conduit vers la foi avec une très grande force, surtout quand elle se présente dès l'enfance, comme chez de nombreux peuples et des personnes solennelles, et quand elle est renommée depuis bien longtemps. Et premièrement parce que toute la disposition infantile est naturellement réceptive, assujettie et disciplinable par ceux qui l'éduquent ; c'est en effet un âge très craintif et mobile, comme de la cire tendre. – Deuxièmement, parce que l'amour naturel des parents et de ceux qui éduquent les enfants, et de nombreuses estimations, tant de ces derniers que de n'importe quels supérieurs, s'impriment vite et fortement en eux, et se développent ainsi en eux. – Troisièmement, parce que les enfants ne savent concevoir que ce qu'ils entendent, et c'est pourquoi c'est un âge où l'on croit facilement ; et surtout parce que, comme ils sont simples et sans fourberie, ils estiment qu'il en va de même des autres. – Quatrièmement, parce que la renommée de l'ancienneté, de la multitude et d'une grande autorité s'imprime fortement sur tous les hommes, mais surtout sur les plus simples.

C'est pourquoi Augustin, au chapitre 28 du livre *Sur l'utilité de croire*[1], dit : « Il est certes malheureux d'être trompé par l'autorité, mais il est certainement plus malheureux de ne pas en être ému. Or elle nous émeut partiellement par des miracles, partiellement par la multitude de ceux qui la suivent. » – Et au chapitre 27[2],

---

1. *Cf.* Augustin, *De utilitate credendi*, c. 16, n. 34 (*PL* 42, 89).
2. *Ibid.*, c. 14, n. 32 (*PL* 42, 88).

dicit quod Christus « miraculis conciliavit auctoritatem, auctoritate meruit fidem, fide contraxit multitudinem, multitudine obtinuit vetustatem, vetustate roboravit religionem; quam nullus error fraudibus aut violentiis aliqua ex parte convelleret ». Haec Augustinus.

Sicut autem in generatione hominis videmus quod natura recte regulata disponit corpus ad susceptionem rationalis animae, quam tamen dare non potest, natura vero depravata generat monstra, quamvis nec ibi totum naturae bonum deficiat : sic praedicta consuetudo per occultam vim rationalis naturae movet seminaria fidei, quae sunt in animabus. Sicut enim ait Augustinus, libro praefato, cap. 28 : « Interior nescio quae conscientia Deum quaerendum Deoque serviendum meliorum quosque animos quasi publice privatimque hortatur ». Huiusmodi autem conscientiae occultus instinctus est in omnibus, nisi forte desperatissimi; et hic fortiter movetur et determinatur a consuetudine praefata, quasi hac igitur mediante. Quando est recta, recte disponitur mens ad veram fidem, Deo interius cooperante et tandem veram fidem dante, licet hominibus videatur quod quasi totum sit a se ipsis et ab auxilio consuetudinis praefatae. Quando autem illa est prava, sicut utique est inter infideles, tunc mentes, quas indidit, praecipitat in infidelitatem; cuius quidem magnum fundamentum in originali corruptione consistit. Sed tamen nec ibi omnino deest aliqua illustratio veritatis divinae;

il dit que le Christ, « par des miracles s'est concilié l'autorité, par l'autorité a mérité la foi, par la foi a rassemblé la multitude, par la multitude a obtenu l'ancienneté, par l'ancienneté a consolidé la religion, que nulle erreur ne pourrait ébranler d'aucune part, par des fraudes ou des violences. » Augustin le dit.

Or de même que, pour ce qui concerne l'engendrement des hommes, nous voyons que la nature droitement réglée dispose le corps à recevoir l'âme rationnelle, que cependant elle ne peut donner, tandis que la nature dépravée engendre des monstres, bien que tout le bien de la nature ne manque pas là non plus ; de même, l'habitude susdite, par le biais d'une force cachée de la nature rationnelle, meut les germes de la foi qui sont dans les âmes. En effet, comme le dit Augustin au chapitre 28 du livre *Sur l'utilité de croire*[1] : « Je ne sais quelle conscience intérieure engage en quelque sorte de façon publique et privée les esprits des meilleurs à chercher Dieu et à le servir ». Or l'instinct caché d'une conscience de ce type se trouve chez tous les hommes, sinon peut-être les plus désespérés ; et il est ici fortement mû et déterminé par l'habitude susmentionnée donc, pour ainsi dire, par son intermédiaire. Quand elle est droite, elle dispose droitement l'esprit à la vraie foi, tandis que Dieu coopère intérieurement et donne enfin la vraie foi, bien qu'il paraisse aux hommes que, pour ainsi dire, tout vient d'eux-mêmes et de l'aide de l'habitude susdite. Mais quand elle est mauvaise, comme elle l'est en tout cas parmi les infidèles, alors elle précipite les esprits qu'elle a pénétrés dans l'infidélité, dont le grand fondement consiste dans la corruption originelle. Mais cependant, une certaine illumination de la vérité divine ne manque

1. Augustin, *De utilitate credendi*, c. 16, n. 34 (*PL* 42, 89).

et ideo in suis erroribus aliqua sunt vera permixta cum falsis.

9. Ad nonum dicendum quod vel Dionysius loquitur ibi solum de principali obiecto fidei, vel comprehendit omnia in principali obiecto, pro quanto in illius testificatione aut praescientia et praedestinatione omnia continentur. Unde ipsam veritatem creditam vocat « veritatem omnium cognitivam ».

pas tout à fait, là non plus ; et c'est pourquoi, parmi leurs erreurs, il y a certaines choses vraies, mêlées à des choses fausses.

9. En réponse au neuvième argument, il faut dire que soit Denys, dans ce passage, parle seulement de l'objet principal de la foi, soit il inclut toutes choses dans l'objet principal, pour autant que, dans son attestation ou sa prescience et sa prédestination, toutes choses sont contenues. C'est pourquoi il appelle cette vérité crue « vérité qui fait connaître toutes choses. » [1]

---

1. *Cf.* Denys l'Aréopagite, *De divinis nominibus*, c. 7, n. 4 (*PG* 3, 871C).

[DE DIVERSIS SIGNIFICATIONIBUS
« RATIONIS »]

Ad sextum dicendum quod "ratio" diversa significat. Primo quidem potentiam intellectus ; secundo eius actum ; tertio eius habitum ; quarto eius obiectum : quod si est simplex, rationes vel definitiones terminorum vocamus ; si vero est complexum, vocamus illud consequentias vel rationes syllogisticas vel orationes, quasi "oris rationes". Quinto significat idem quod rationabilitas seu rationabile, id est illud quod ratio recta iudicat esse rectum et conveniens. Sexto significat totam mentem ; et hoc modo ab Augustino, XII *De Trinitate*, dividitur ratio, id est totus aspectus mentis, in superiorem et inferiorem ; alias non esset verum quod ibi dicit, scilicet quod rationis sit comedere, id est delectari, et consentire. Sic etiam X *Ethicorum*, Aristoteles sumit intellectum pro tota parte intellectiva, ubi dicit quod nos sumus proprie intellectus.

ANNEXE 1[1]

[SUR LES SENS DE *RATIO*]

En réponse au sixième argument, il faut dire que *ratio* signifie différentes choses. C'est premièrement (1) une puissance de l'intellect ; deuxièmement, (2) son acte ; troisièmement, (3) son habitus ; quatrièmement, son objet : (4) et s'il est simple, nous l'appelons raisons ou définitions des termes ; (5) mais s'il est complexe, nous l'appelons conséquences, raisons syllogistiques ou énoncés, pour ainsi dire « raisons de la bouche ». Cinquièmement, (6) cela signifie la même chose que raisonnabilité ou raisonnable, c'est-à-dire ce que la raison droite juge être droit ou convenable. Sixièmement, (7) cela signifie tout l'esprit ; et de cette façon, Augustin, au livre XII du traité *Sur la trinité*, divise la raison, c'est-à-dire le regard de l'intellect dans son intégralité, en une partie supérieure et une inférieure ; sans quoi ce qu'il dit à cet endroit ne serait pas vrai, à savoir qu'il appartient à la raison de manger, c'est-à-dire de se réjouir, et de consentir[2]. De même encore, au livre X de l'*Ethique*, Aristote entend intellect au sens de toute la partie intellective de l'âme, et dit à cet endroit que nous sommes proprement intellect[3].

1. *Cf.* Pierre de Jean Olivi, *Quaestiones de incarnatione et redemptione, quaestiones de virtutibus*, A. Emmen, E. Stadter (eds.), Grottaferrata, Collegio S. Bonaventura, Ad Claras Aquas, ex typ. Collegii S. Bonaventurae 1981, p. 232.

2. *Cf.* Augustin, *De trinitate*, l. XII, c. 2 ; c. 12, n. 17 (*PL* 42, 999, 1007s).

3. Aristote, *Ethique à Nicomaque*, l. X, c. 7, 1178a 6-8.

ANNEXE 2

[DE INSTINCTU]

Clamat hoc etiam tertio specialiter internus instinctus conscientiae. Est enim mens sibi conscia praecedentis nihilitatis. Sentit enim intime se aliquando non fuisse, et est conscia suae nihilitatis, passibilitatis et defectibilitatis et indigentiae. Sentit enim se multis et quasi infinitis indigere et multa et quasi infinita se posse pati et multipliciter se posse deficere. Et ideo, cum audit vel per se concipit altitudinem summi entis summamque eius iustitiam et potestatem et bonitatem, quodam naturali instinctu timore tam reverentiae quam poenae concutitur et in ipsius cogitatu et auditu admirationis stupore repletur et quodam naturali amore eius afficitur. Statim enim quodam naturalissimo instinctu ex sensu inferioritatis sentit se posse habere superius quem timere et revereri debeat, immo, acsi ipsum sentiret, mens cogitatu vel auditu sic afficitur, quantum est de se vi naturalis instinctus. Qui multo magis appareret, si non esset corruptio perversarum affectionum. Unde in parvulis et simplicibus nondum malitia imbutis iste instinctus magis apparet. Et iste est qui movit semper humanum genus ad divinum cultum. Sed propter caecitatem hominum et perversitatem affectuum et astutias daemonum non potuit esse sufficiens ad movendum sine omni errore.

ANNEXE 2[1]

[SUR L'INSTINCT]

C'est troisièmement, spécialement un instinct interne de la conscience qui clame aussi [que l'étant reçoit son être d'un étant suprême]. L'esprit est en effet conscient de sa néantité précédente. Il a en effet le sentiment intime qu'autrefois il n'existait pas et il est conscient de sa néantité, de sa passibilité, de sa défectibilité et de son indigence. Il a en effet le sentiment d'avoir des manques nombreux et presque infinis, de pouvoir souffrir presque infiniment et de pouvoir être en défaut de multiples manières. Et c'est pourquoi, lorsqu'il entend ou conçoit par lui-même la hauteur d'un être suprême et sa justice suprême et sa puissance et sa bonté, par un certain instinct naturel, il est ébranlé tant d'une crainte révérencieuse que de la crainte de la punition ; et rempli dans sa pensée et dans son audition de la stupeur de l'admiration ; et affecté par un certain amour pour l'être suprême. En effet, aussitôt, par un certain instinct, naturel au plus haut point, à partir du sentiment de son infériorité, l'esprit a le sentiment qu'il peut avoir un supérieur qu'il doive craindre et révérer ; bien plus, l'esprit, par sa pensée et son audition, est affecté, pour ce qui le concerne, par la force de l'instinct naturel comme s'il sentait ce supérieur. Et cela serait bien plus apparent sans la corruption des affections perverses. C'est pourquoi, chez les petits et les simples non encore imprégnés de malice, cet instinct apparaît davantage. Et c'est lui qui pousse toujours le genre humain au culte divin. Mais, en raison de la cécité des hommes, de la perversité des affects et des ruses des démons, il n'a pu suffire à les pousser sans aucune erreur.

---

1. *Cf.* Pierre de Jean Olivi, *Quaestiones in secundum librum sententiarum, op. cit.*, vol. 3, 1926, p. 544-545.

INDEX NOMINUM

INDEX RERUM

BIBLIOGRAPHIE

ALEXANDRE DE HALÈS (attribué), *Summa theologica*, B. Marriani (ed.), Quaracchi, ex typ. Collegii S. Bonaventurae, vol. 2, 1928.

AUBERT R., « Le caractère raisonnable de l'acte de foi d'après les théologiens de la fin du XIIIᵉ siècle », *Revue d'histoire ecclésiastique* 39 (1943), p. 22-99.

– « Le problème de la foi dans l'œuvre de Pierre Olivi », in *Miscellanea historica in honorem Alberti de Meyer*, Louvain-Bruxelles, Bibliothèque de l'Université-Le Pennon, 1946, p. 626-637.

AUDI R., « Doxastic Voluntarism and the Ethics of Belief », *in* M. Steup (ed.), *Knowledge, Truth and Duty*, Oxford, Oxford University Press, 2001, p. 93-111.

BARBAGLIO G., *Fede acquisita e fede infusa secondo Duns Scoto, Occam e Biel*, Brescia, La Nuova Cartografica, 1968.

BETTONI E., *Le dottrine filosofiche di Pier di Giovanni Olivi*, Milan, Vita e pensiero, 1959.

BONAVENTURE, *Opera theologica selecta*, L. Bello (ed.), Quaracchi-Florence, ex typ. Collegii S. Bonaventurae, t. III, 1941.

BOUREAU A., PIRON S. (éd.), *Pierre de Jean Olivi (1248-1298). Pensée scolastique, dissidence spirituelle et société*, Paris, Vrin, 1999.

BURR D., *L'Histoire de Pierre Olivi*, Paris, Cerf, 1997.

– « Petrus Ioannis Olivi and the Philosophers », *Franciscan Studies* 31 (1971), p. 41-71.

CAMELOT T., « Credere Deo, credere Deum, credere in Deum. Pour l'histoire d'une formule traditionnelle », *Revue des Sciences philosophiques et théologiques* 30 (1941-1942), p. 149-155.

CROSS R., « Testimony and Reasonable Belief in Medieval Religious Epistemology », *in* J. Hawthorne, M. Benton (eds.), *Knowledge, Belief, and God: New Insights*, Oxford, Oxford University Press, 2018, p. 29-53.

FAUCHER N., « Faith and Rhetoric in Giles of Rome », *Vivarium* (2019), p. 1-21.

– « Prêter foi avec parcimonie. Le traitement scotiste de la foi acquise et de la foi infuse », dans C. Grellard, P. Hoffmann, L. Lavaud (éd.), *Genèses antiques et médiévales de la foi*, Turnhout, Brepols, 2020, p. 391-407.

– « What Does a Habitus of the Soul Do ? The Case of the Habitus of Faith in Bonaventure, Peter John Olivi and John Duns Scotus », *in* N. Faucher, M. Roques (eds.), *The Ontology, Psychology and Axiology of Habits (Habitus) in Medieval Philosophy*, Dordrecht, Springer, 2018, p. 107-126.

— et M. ROQUES, « Les justifications de la foi d'après Guillaume d'Ockham », *Freiburger Zeitschrift für Philosophie und Theologie* 62 (2015), p. 219-239.

FORLIVESI M., QUINTO R., VECCHIO S. (eds.), « Fides virtus ». *The Virtue of Faith from the Twelfth to the Early Sixteenth Century*, Münster, Aschendorff, 2014.

FREDERICK D., « Doxastic Voluntarism : a Sceptical Defence », *International Journal for the Study of Skepticism* 3 (2013), p. 24-44.

GRELLARD C., *De la certitude volontaire*, Paris, Publications de la Sorbonne, 2014.

– « La fides chez Guillaume d'Ockham : de la psychologie à l'ecclésiologie », *in* M. Forlivesi, R. Quinto, S. Vecchio (eds.), *« Fides virtus ». The Virtue of Faith from the Twelfth to the Early Sixteenth Century*, p. 335-368.

GUILLAUME D'AUVERGNE, « De fide », *in* B. Le Feron (ed.), *Opera omnia*, Orléans-Paris, F. Hotot-J. Lacaille, vol. 1, 1674.

GUILLAUME D'OCKHAM, *Quaestiones in librum tertium sententiarum (Reportatio)*, F. Kelley, G. Etzkorn (eds.), St. Bonaventure, Franciscan Institute of St. Bonaventure University, 1982 (= OTh VI).

HAWTHORNE J., « Aquinas on Faith and Knowledge : Reply to Robert Pasnau », *in* J. Marenbon (ed.), *Continuity and Innovation in Medieval and Modern Philosophy*, Oxford, Oxford University Press, 2013, p. 119-133.

MICHON C., « Aquinas and the Will to Believe », *in* D. Lukasiewicz, R. Pouivet (eds.), *The Right to Believe. Perspectives in Religious Epistemology*, Frankfurt-Paris-Lancaster-New Brunswick, Ontos Verlag, 2012.

MILLS E., « The Unity of Justification », *Philosophy and Phenomenological Research* 58 (1998), p. 27-50.

PERLER D., *Théories de l'intentionnalité au Moyen Âge*, Paris, Vrin, 2003.

PICHÉ D., « Raisons de croire et vouloir croire : le débat entre Durand de Saint-Pourçain, Gauthier Chatton et Guillaume d'Ockham », *in* J. Pelletier, M. Roques (eds.), *The Language of Thought in Late Medieval Philosophy*, Dordrecht, Springer, 2018, p. 201-216.

PIERRE DE JEAN OLIVI, *Quaestiones de incarnatione et redemptione, quaestiones de virtutibus*, A. Emmen, E. Stadter (eds.), Grottaferrata, Collegio S. Bonaventura, 1981.

PIERRE DE JEAN OLIVI, *Quaestiones in secundum librum sententiarum*, B. Jansen (ed.), Ad Claras Aquas, ex typ. Collegii S. Bonaventurae, vol. 2, 1922 ; vol. 3, 1926.

PIRON S., « Censures et condamnation de Pierre de Jean Olivi : enquête dans les marges du Vatican », *Mélanges de l'École française de Rome-Moyen Âge* 118 (2) (2006), p. 313-373.

– « Les œuvres perdues d'Olivi : essai de reconstruction »,
   Archivum Franciscanum Historicum 31 (1998),
   p. 357-394.
– *Parcours d'un intellectuel franciscain. D'une théologie vers
   une pensée sociale : l'œuvre de Pierre de Jean Olivi (ca. 1248-
   1298) et son traité "De contractibus"*, Paris, École des Hautes
   Études en Sciences Sociales, thèse de doctorat, 1999.
PUTALLAZ F.-X., « Entre grâce et liberté : Pierre de Jean Olivi »,
   in J. A. Aertsen, A. Speer (eds.), *Geistesleben im 13.
   Jahrhundert*, Berlin, De Gruyter, 2000, p. 104-115.
– *La connaissance de soi au XIIIᵉ siècle*, Paris, Vrin, 1991.
STADTER E., « Das Glaubensproblem in seiner Bedeutung für
   die Ethik bei Petrus Johannis Olivi », *Franziskanische
   Studien* 42 (1960), p. 225-296.

TABLE DES MATIÈRES

PIERRE DE JEAN OLIVI

QUESTIONS SUR LA FOI
QUESTIONS VIII ET IX